海上絲綢之路基本文獻叢書

華夷花木鳥獸珍玩考（三）

〔明〕慎懋官 選集

文物出版社

圖書在版編目（CIP）數據

華夷花木鳥獸珍玩考. 三 / (明) 慎懋官選集. --
北京 : 文物出版社, 2022.7
(海上絲綢之路基本文獻叢書)
ISBN 978-7-5010-7657-4

Ⅰ. ①華… Ⅱ. ①慎… Ⅲ. ①植物－介紹－中國－古代②動物－介紹－中國－古代 Ⅳ. ①K948.52 ②K958.52

中國版本圖書館 CIP 數據核字 (2022) 第 097032 號

海上絲綢之路基本文獻叢書
華夷花木鳥獸珍玩考（三）

選　　集：〔明〕慎懋官
策　　劃：盛世博閱（北京）文化有限責任公司

封面設計：鞏榮彪
責任編輯：劉永海
責任印製：張　麗

出版發行：文物出版社
社　　址：北京市東城區東直門内北小街 2 號樓
郵　　編：100007
網　　址：http://www.wenwu.com
經　　銷：新華書店
印　　刷：北京旺都印務有限公司
開　　本：787mm×1092mm　1/16
印　　張：14.625
版　　次：2022 年 7 月第 1 版
印　　次：2022 年 7 月第 1 次印刷
書　　號：ISBN 978-7-5010-7657-4
定　　價：90.00 圓

總緒

海上絲綢之路，一般意義上是指從秦漢至鴉片戰争前中國與世界進行政治、經濟、文化交流的海上通道，主要分爲經由黄海、東海的海路最終抵達日本列島及朝鮮半島的東海航綫和以徐聞、合浦、廣州、泉州爲起點通往東南亞及印度洋地區的南海航綫。

在中國古代文獻中，最早、最詳細記載『海上絲綢之路』航綫的是東漢班固的《漢書·地理志》，詳細記載了西漢黄門譯長率領應募者入海『齎黄金雜繒而往』之事，書中所出現的地理記載與東南亞地區相關，并與實際的地理狀况基本相符。

東漢後，中國進入魏晋南北朝長達三百多年的分裂割據時期，絲路上的交往也走向低谷。這一時期的絲路交往，以法顯的西行最爲著名。法顯作爲從陸路西行到印度，再由海路回國的第一人，根據親身經歷所寫的《佛國記》（又稱《法顯傳》）一書，詳細介紹了古代中亞和印度、巴基斯坦、斯里蘭卡等地的歷史及風土人情，是瞭解和研究海陸絲綢之路的珍貴歷史資料。

隨着隋唐的統一，中國經濟重心的南移，中國與西方交通以海路爲主，海上絲綢之路進入大發展時期。廣州成爲唐朝最大的海外貿易中心，朝廷設立市舶司，專門管理海外貿易。唐代著名的地理學家賈耽（七三〇～八〇五年）的《皇華四達記》記載了從廣州通往阿拉伯地區的海上交通『廣州通夷道』，詳述了從廣州港出發，經越南、馬來半島、蘇門答臘半島至印度、錫蘭，直至波斯灣沿岸各國的航綫及沿途地區的方位、名稱、島礁、山川、民俗等。譯經大師義净西行求法，將沿途見聞寫成著作《大唐西域求法高僧傳》，詳細記載了海上絲綢之路的發展變化，是我們瞭解絲綢之路不可多得的第一手資料。

宋代的造船技術和航海技術顯著提高，指南針廣泛應用於航海，中國商船的遠航能力大大提升。北宋徐兢的《宣和奉使高麗圖經》詳細記述了船舶製造、海洋地理和往來航綫，是研究宋代海外交通史、中朝友好關係史、中朝經濟文化交流史的重要文獻。南宋趙汝適《諸蕃志》記載，南海有五十三個國家和地區與南宋通商貿易，形成了通往日本、高麗、東南亞、印度、波斯、阿拉伯等地的『海上絲綢之路』。宋代爲了加强商貿往來，於北宋神宗元豐三年（一〇八〇年）頒佈了中國歷史上第一部海洋貿易管理條例《廣州市舶條法》，并稱爲宋代貿易管理的制度範本。

元朝在經濟上採用重商主義政策，鼓勵海外貿易，中國與歐洲的聯繫與交往非常頻繁，其中馬可·波羅、伊本·白圖泰等歐洲旅行家來到中國，留下了大量的旅行記，記録元代海上絲綢之路的盛況。元代的汪大淵兩次出海，撰寫出《島夷志略》一書，記録了二百多個國名和地名，其中不少首次見於中國著録，涉及的地理範圍東至菲律賓群島，西至非洲。這些都反映了元朝時中西經濟文化交流的豐富内容。

明、清政府先後多次實施海禁政策，海上絲綢之路的貿易逐漸衰落。但是從明永樂三年至明宣德八年的二十八年裏，鄭和率船隊七下西洋，先後到達的國家多達三十多個，在進行經貿交流的同時，也極大地促進了中外文化的交流，這些都詳見於《西洋蕃國志》《星槎勝覽》《瀛涯勝覽》等典籍中。

關於海上絲綢之路的文獻記述，除上述官員、學者、求法或傳教高僧以及旅行者的著作外，自《漢書》之後，歷代正史大都列有《地理志》《四夷傳》《西域傳》《外國傳》《蠻夷傳》《屬國傳》等篇章，加上唐宋以來衆多的典制類文獻、地方史志文獻，集中反映了歷代王朝對於周邊部族、政權以及西方世界的認識，都是關於海上絲綢之路的原始史料性文獻。

海上絲綢之路概念的形成，經歷了一個演變的過程。十九世紀七十年代德國地理學家費迪南・馮・李希霍芬（Ferdinad Von Richthofen，一八三三～一九〇五），在其《中國：親身旅行和研究成果》第三卷中首次把輸出中國絲綢的東西陸路稱爲『絲綢之路』。有『歐洲漢學泰斗』之稱的法國漢學家沙畹（Édouard Chavannes，一八六五～一九一八），在其一九〇三年著作的《西突厥史料》中提出『絲路有海陸兩道』，蘊涵了海上絲綢之路最初提法。迄今發現最早正式提出『海上絲綢之路』一詞的是日本考古學家三杉隆敏，他在一九六七年出版《中國瓷器之旅：探索海上的絲綢之路》中首次使用『海上絲綢之路』一詞；一九七九年三杉隆敏又出版了《海上絲綢之路》一書，其立意和出發點局限在東西方之間的陶瓷貿易與交流史。

二十世紀八十年代以來，在海外交通史研究中，『海上絲綢之路』一詞逐漸成爲中外學術界廣泛接受的概念。根據姚楠等人研究，饒宗頤先生是華人中最早提出『海上絲綢之路』的人，他的《海道之絲路與昆侖舶》正式提出『海上絲路』的稱謂。選堂先生評價海上絲綢之路是外交、貿易和文化交流作用的通道。此後，大陸學者馮蔚然在一九七八年編寫的《航運史話》中，使用『海上絲綢之路』一詞，這是迄今學界查到的中國大陸最早使用『海上絲綢之路』的人，更多地限於航海活動領域的考察。一九八〇年北京大學陳炎教授提出『海上絲綢之路』研究，并於一九八一年發表《略論海上絲綢之路》一文。他對海上絲綢之路的理解超越以往，且帶有濃厚的愛國主義思想。陳炎教授之後，從事研究海上絲綢之路的學者越來越多，尤其沿海港口城市向聯合國申請海上絲綢之路非物質文化遺産活動，將海上絲綢之路研究推向新高潮。另外，國家把建設『絲綢之路經濟帶』和『二十一世紀海上絲綢之路』作爲對外發展方針，將這一學術課題提升爲國家願景的高度，使海上絲綢之路形成超越學術進入政經層面的熱潮。

與海上絲綢之路學的萬千氣象相對應，海上絲綢之路文獻的整理工作仍顯滯後，遠遠跟不上突飛猛進的研究進展。二〇一八年厦門大學、中山大學等單位聯合發起『海上絲綢之路文獻集成』專案，尚在醖釀當中。我們不揣淺陋，深入調查，廣泛搜集，將有關海上絲綢之路的原始史料文獻和研究文獻，分爲風俗物産、雜史筆記、海防海事、典章檔案等六個類別，彙編成《海上絲綢之路歷史文化叢書》，於二〇二〇年影印出版。此輯面市以來，深受各大圖書館及相關研究者好評。爲讓更多的讀者親近古籍文獻，我們遴選出前編中的菁華，彙編成《海上絲綢之路基本文獻叢書》，以單行本影印出版，以饗讀者，以期爲讀者展現出一幅幅中外經濟文化交流的精美畫卷，爲海上絲綢之路的研究提供歷史借鑒，爲『二十一世紀海上絲綢之路』倡議構想的實踐做好歷史的詮釋和注脚，從而達到『以史爲鑒』『古爲今用』的目的。

凡例

一、本編注重史料的珍稀性，從《海上絲綢之路歷史文化叢書》中遴選出菁華，擬出版百册單行本。

二、本編所選之文獻，其編纂的年代下限至一九四九年。

三、本編排序無嚴格定式，所選之文獻篇幅以二百餘頁爲宜，以便讀者閱讀使用。

四、本編所選文獻，每種前皆注明版本、著者。

五、本編文獻皆爲影印，原始文本掃描之後經過修復處理，仍存原式，少數文獻由於原始底本欠佳，略有模糊之處，不影響閱讀使用。

六、本編原始底本非一時一地之出版物，原書裝幀、開本多有不同，本書彙編之後，統一爲十六開右翻本。

目録

華夷花木鳥獸珍玩考（三）

華夷花木鳥獸珍玩考（三）

卷六至卷七

〔明〕慎懋官 選集

明萬曆間刻本

華夷花木考卷之六

吳興郡山人慎懋官選集

越中牡丹花二品陳氏曰僧仲林撰　越之所好尚唯牡丹其絕麗者三十二種始乎郡齋豪家右族梵宇道宮池臺水榭植之無間來賞者不問親踈謂之看花局澤國此月多輕雲微雨謂之養花天序畧

牡丹譜一卷晁氏曰歐陽修撰陳氏曰蔡君謨書之盛行於世　按歐譜以姚黃魏紫爲上品魏紫者卽今之魏紅也

冀王宮花品一卷陳氏曰題景佑元年滄洲觀察使記以五十種分爲三等九品而潛溪緋平頭紫居正一品姚黄反居其下此不可曉也

吳中花品一卷陳氏曰慶曆乙酉趙郡李英述皆出洛陽花品之外者以今日吳中論之雖曰植花未能如承平之盛也

花譜二卷陳氏曰滎陽張峋子堅撰以花有千葉多葉黄紅紫白之别類以爲譜凡千葉五十八品多葉六十二品又以芍藥附其末峋與其弟嶧子望同登進士第嶧嘗從邵康節學

牡丹芍藥花品七卷陳氏曰不著名氏
洛陽貴尚録一卷陳氏曰新安丘濬道源撰

牡丹始末

牡丹花之富貴者也按本草一名鹿韭一名鼠姑陶隱居云赤色者爲好唐本注云苗似羊桃根似芍藥肉白皮丹出漢南土人謂之牡丹亦名百兩金唐人謂木芍藥李正封以爲百花王攷之前史無説北齊楊子華有牡丹畫極佳則知此花之來久矣但隋文士集中無歌詩是隋朝花藥中所無者隋種法七十卷亦無其名開元末裴士淹爲郎官奉使幽冀廻至

汾州衆香寺得白牡丹一棵植於長興私第天寶中爲都下奇賞當時名士裴給事看牡丹詩至德中馬僕射總鎮太原錢惟演守洛始貢花又得紅紫二者至歐陽作譜則云牡丹出丹延青越而出洛陽者今爲天下第一洛陽所謂丹州紅延安紅青州紅皆彼土之尤傑者復有錢思公欲作花品細書牡丹於小屏計九十餘種以爲難越不敢爭高下近聞牡丹獨盛於揚州韓家次無錫華家嘉興呂家而吳興遍致名品者自朱范始至於搜索名花蒲載萬餘而正雜之色皆備者則官於濮者嚴氏也予父自幼喜愛栽

得勉力少致云

牡丹記序　　蘇軾

熙寧五年三月二十三日余從太守沈公觀花於吉祥寺僧守璘之圃圃中花千本其品以百數酒酣樂作州人大集金盤綵籃以獻于坐者五十有三人飲酒樂甚素不飲者皆醉自輿臺皂隸皆挿花以從觀者數萬人明日公出所集牡丹記十卷以示客凡牡丹之見於傳記與栽植接養剥治之方古今詠歌詩賦下至奇怪小說皆在余既觀花之極盛與州人共遊之樂又得觀此書精究博備以爲三者皆可紀

而公又求余文以冠于篇蓋此花見重於世三百餘年窮妖極麗以擅天下之觀美而近歲尤復變態百出務爲新奇以追逐時好者不可勝紀此草木之智巧便佞者也今公自耆老重德而余又方蠢愚迂濶舉世莫與爲比則其於此書無乃皆非其人乎然鹿門子嘗怪宋廣平之爲人意其鐵心石腸而爲梅花賦則清便艷發得南朝徐庾體今以予觀之凡託於椎陋以眩世者又豈足信哉余雖非其人強爲公記之公家書三萬卷博覽強記遇事成書非獨牡丹也

憲宗云世雖有黄牡丹碧牡丹吾不欲殷勤求之

故譜中不載今據所有者録之惟以魏紅爲第一

華釋名　　　坤雅

華釋名曰牡丹之名或以姓或以州或以色或以地或旌其所異者而志之姚黄牛黄左華魏華以姓箸青州丹州延州紅以州箸細葉麤葉壽安潛溪緋以地箸一撒紅鶴翎紅朱砂紅甘草黄以色箸獻來紅九蘂眞珠紅鹿胎紅倒暈檀心蓮華萼一百五葉底紫皆志其異者　姚黄者千葉者華出於民姚氏家此華之出於今未十年姚氏居白司馬坂其地屬河陽然華不傳河陽傳洛陽洛亦不甚多一歲不過

數朶　牛黃亦千葉出於民牛氏家比姚黃差小眞
宗祀汾陰還過洛陽留燕淑景亭牛氏獻此華　魏
華者千葉肉紅華出於魏相仁溥家始樵者於壽安
山中見之斷以賣魏氏池舘甚大傳者云此華初出
時人有欲閱者入十數錢乃得登舟渡池至華所魏
氏日收十數緡其後破亡鬻其園宅今普明寺後林
池乃其地僧耕之以植桑棗華傳民家甚多人有數
其葉者云至七百葉錢思公嘗曰人謂牡丹華王今
姚黃眞爲王而魏乃后也　鞓紅者單葉深紅華出
青州亦曰青紅故張僕射齊賢有第西京其坊自青

以馲駝馱其種遂傳洛陽中其色數腰帶故謂之
紅　獻來紅者華大多葉淺紅華張僕射罷相居
陽人有獻此華者因名曰獻來紅　添色紅者多
華始開而白紅日漸紅至其落乃類深紅此造化
尤巧者　鶴翎紅者多葉華其末白而本肉紅如
爲鵠羽毛細葉　麤葉壽安者皆千葉肉紅華出壽
安縣錦屛山細葉者尤佳　倒暈檀心者葉紅凡華
近蕚色深至其末漸淺此華自外深色近蕚反淺白
而深檀點其心此尤可愛　一擫紅者多葉淺紅華
葉杪深紅一點如人以手指擫之　九蘂眞珠紅者

千葉紅華葉上有一白點如珠密其葉蹙其蘂爲九叢　一百五者多葉白華洛華以穀雨爲開候而此華常至百五日開　丹州延州華皆千葉紅華不知其至洛之因　蓮華萼者多葉紅華青趺三重如蓮華萼　左華千葉紫華出民左氏家葉密而齊如截亦謂之平頭紫　朱砂紅多葉紅華不知所出有民門氏子者善接華以爲生買地於崇眞寺前治華圃有此洛陽豪家尚未有故其名未甚著華葉甚鮮向日視之如猩血　葉底紫千葉紫華其色如墨亦謂之墨紫華在叢中旁心生一大枝引葉覆其上其開

也比他華可延十日之久噫造物者亦惜之耶此華之出比他最遠傳云　唐中宗有宦官爲觀軍容使者華出其家亦謂之軍容紫歲久失其姓氏矣　玉板白者單葉長如拍板之狀色如玉深檀心洛陽人家有亦少予嘗從思公至福嚴院見之問寺僧而得其名後未見也　潛溪緋華葉緋華出於潛溪寺在龍門山後本唐相李藩別墅今寺中已無此華而人家或有之本是紫華忽於叢中持出緋者不過一兩朶明年移在他枝洛人謂之轉枝華故其接頭尤難得　鹿胎華多葉紫華有白點如鹿胎之紋故蘇相

禹珪宅今有之初姚黃未出時牛黃爲第一牛黃未
出時魏華爲第一魏華未出時左華爲第一左華之
前惟有蘇家紅賀家紅林家紅之類皆单葉華當時
爲第一多葉華出後華黜矣今人不復種也牡丹初
不載文字惟以藥載本草然於華中不爲高第大抵
丹延巳西及褒邪道中尤多與荊棘無異土中皆取
以爲薪自則天巳後洛陽牡丹始盛然未聞有以名
者如沈宋元白之流皆善詠華當時有一華之異者
彼必形於篇什而寂無傳焉惟劉夢得有詠魚朝恩
宅牡丹詩但云一叢千朶而巳亦不云其美且異也

謝靈運言永嘉竹間水際多牡丹今越華不及洛陽甚遠是洛華自古未有若今之盛也

天彭牡丹譜　　陸游

牡丹在中洲洛陽爲第一在蜀天彭爲第一天彭之花皆不詳其所自出土人云曩時永寧院有僧種花最盛俗謂之牡丹院春時賞花者多集于此其後花稍衰人亦不復至崇寧中洲民宋氏張氏蔡氏宣和中石子灘楊氏皆嘗買洛中新花以歸自是洛花散於人間花戶始盛皆以接花爲業大家好事者皆竭其力以養花而天彭之花遂冠兩川今惟三并李氏

劉村毋氏城中蘇氏城西李氏花特盛又有餘力治亭館以故最得名至花戶連畛相望莫得其姓氏也天彭三邑皆有花惟城西沙橋上下花尤超絕由沙橋至堋口崇寧之間亦多佳品自城東抵濛陽則絕少矣大抵花品近百種然著者不過四十而紅花最多紫花黃花白花各不過數品碧花一二而已今自狀元紅至歐碧以類次第之所未詳者姑列其名於後以待好事者

花釋名　陸游

洛花見紀於歐陽公者天彭往往有之此不載其著

於天彭者彭人爲花之多葉者京花单葉川花近歲尤賤川花賣不復售花之舊栽曰祖花其新接頭有一春兩春者花少而富至三春則花稍多及成樹花雖盛繁而花葉減矣　狀元紅者重葉深紅花其色與鞓紅潛緋相類而天姿富貴彭人以冠花品多葉者謂之第一架葉少而色稍淺者謂之第二架以其高出衆花之上故名狀元紅或曰舊制進士第一人即賜茜袍此花如其色故以名之　祥雲者千葉淺紅花妖艷多態而花葉最多花戶王氏謂此花如朶雲狀故謂之祥雲　紹興春者祥雲子花也色淡佇

而花尤富大者徑尺紹興中始傳大抵花戶多種花子以觀其變不獨祥雲耳　臙脂樓者深淺相間如臙脂染成重跌累萼狀如樓觀色淺者出於新繁勾氏色深者出於花戶宋氏又有一種色稍下獨勾氏花爲冠　金腰樓玉腰樓皆粉紅花而起樓子黃白間之如金玉色與臙脂樓同類　雙頭紅者並蔕騈萼色尤鮮明出於花戶宋氏始秘不傳有謝主簿者始得其種今花戶往往有之然養之得地則歲歲皆雙不爾則間年矣此花之絕異者也　富貴紅者其花葉圓正而厚色若新染乾者他花皆落獨此抱枝

而稿亦花之異者　一尺紅者深紅頗近紫色花面
大幾尺故一尺名之　鹿胎紅者鶴領紅子花色微
帶黃上有白點如鹿胎極花工之妙歐陽公花品有
鹿胎花者乃紫花與此頗異　文公紅者出於西京
潞公園亦花之麗者其種傳蜀中遂以文公名之
政和春者淺粉紅花有絲頭政和中始出　醉西施
者粉白花中間紅暈狀如酡顏　迎日紅與醉西施
同類淺紅花中特深紅花開最早而妖麗奪目故以
迎日名之　彩霞者其色光麗爛然如霞　疊羅者
中間鎖碎如疊羅紋　勝疊羅者差大於疊羅此三

品皆以形而名之　瑞露蟬亦粉紅花中抽碧心如合蟬狀　乾花者粉紅花而分蟬旋轉其花亦大千葉小千葉皆粉紅花之傑者大千葉無碎花小千葉則花萼瑣碎故以大小別之此二十一品皆紅花之著者也　紫繡毬一名新紫花盖魏花之別品也其花間正如繡毬狀亦有起樓者爲天彭紫花之冠　乾道紫色稍淡而暈紅出未十年　潑墨者新紫花之子花也单葉深黒如墨歐公記有葉底紫近之　葛巾紫花圓正而富麗如世人所載葛巾狀　福嚴紫亦重葉紫花其葉少於紫繡毬莫詳所以得名按

歐公所紀有玉版白出於福嚴院土人云此花亦自西京來謂之舊紫花豈亦出於福嚴耶　禁苑黃蓋姚黃之別品也其花閑淡高秀可亞姚黃　慶雲黃花葉重複郁然輪囷以故得名　青心黃者其花心正青一本花往往有兩品或正圓如毬或層起成樓子亦異矣　黃氣毬者淡黃檀心花葉圓正間背相承敷腴可愛　玉樓子者白花起樓高標逸韻自然是風塵外物　劉師哥者白花帶微紅多至數百葉纖妍可愛莫知何以得名　玉覆盆者一名玉炊餅蓋圓頭白花也　碧花止一品名曰歐碧其花淺

碧而開最晚獨出歐氏故以姓著大抵洛中舊品獨以姚魏爲冠天彭則紅花以狀元紅爲第一紫花以紫繡毬爲第一黃花以禁苑黃爲第一白花以玉樓子爲第一然戶歲益培接新特間出將不特此而已好事者尚屢書之　天彭號小西京以其俗好花有京洛之遺風大家至千本花時自太守而下往往卽花盛處張飲帟幙車馬歌吹相屬最盛於清明寒食時在寒食前者謂之火前花其開稍久火後則易落最喜陰晴相半時謂之養花天栽接剔治各有其法謂之弄花一年看花十日之語故大家例惜花可就

觀不敢輕剪盖剪花則次年花絕少惟花戶則多植花以牟利雙頭紅初出時一本花最直至三十千祥雲初出亦直七八千今尚兩千州家歲常以花餉諸臺乃旁郡蠟蔕鈞籃旁午于道予客成都六年歲常得餉然率不能絕佳淳熙丁酉歲成都帥以善價私售於花戶得數百苞馳騎取之至成都露猶未晞其大徑尺夜宴西樓下燭焰與花相映影搖酒中繁麗動人嗟乎天彭之花要不可望洛中而其盛已如此使異時復兩京王公卿相築園第以相誇尚予幸得與觀焉其動蕩心目又宜何如也明年正月十日山

陰陸游書

序牡丹

姚燧

余於牡丹始以中統之元見壽安紅洛西劉氏園三年見左紫洛陽故趙相南園兩花皆千葉株皆四尺壽安二十萼廣徑七寸高與之等左紫西萼八寸高等又三年見千葉狀元紅燕都故楊相夫參宅株五尺四十萼七寸高等後二十年見之長安毛氏園最多將百株株二尺少然皆单葉小大參差不齊無絕奇者後二年見玉板白洛陽楊氏欄株亦三尺少多葉十萼七寸少鄧州見三家張氏省齊之衞山紫陳

氏終慕堂之淺紅兩花皆十五葉銜紫株二尺少將
二十萼五寸少淺紅株三尺少將五十萼六寸少惟
蕭仁卿之承顏亭白花大株三尺大可六七十萼七
寸少千葉最盛又有色緋紫碧相錯株三尺少可四
五十萼盛亞白花七寸太復有緋花株甲十萼八寸
二花皆多葉而緋花獨奇盖故爲佳品今失其名者
別有鶴翎紅爲千葉少株獨萼五寸太高等他日株
大花則隨大矣是爲鄧花之冠仁卿舊云此洛陽壽
安諸孫自余覩之大非壽安則淺紅而今名余所命
之盖即其形色近似爲言也長安洛陽諸花余忘其

香孰勝萃鄧花而校噴勃穠綿可喜如紫薇者衛紫
爲第一此余生五十一年所見者然自元年至今爲
廿九年其間六年六見自燕長安洛陽而至此幾數
千里中元及三年與至元二十年三見洛陽爲同地
至元六年十八年廿五年各一見之燕秦鄧爲異地
亡慮百十株而千葉名品纔四見則千葉獨難遇亦
猶千人爲英萬人爲傑尤世不恒有者矧賞酬有數
邪趙劉二園雖皆有酒年甚少不善飲楊大參時與
先世父中書左丞同朝爲父執與之酒不敢飲七園
時爲秦憲毛氏方業市酒纔下馬行觀擇剪數蕚不

飲而去楊氏欄時湍秦憲將走荊憲借居其廬客懷
牢寂無誰與爲飲張齋陳堂纔持一二觴各剪一二
蕚持歸不名爲飲其盡醉相讙者惟承顏亭一焉而
巳嗚呼以齒五十一年之老行數千里之遠始觀至
今二十九年之久六年六見之稀而無負可當賞酬
者醉明日仁卿求記其事予口未拒而心弗是之以
爲導俎之樂屑屑者奚足筆其夏白花忽槁死其又
固求記之予始思昔者坐斯亭也孰逆是花旋踵不
可復見亦可謂異事也又思左紫止一株巳移植嵩
山廟中洛陽今亦絕聞壽安故在其玉板白及毛園

百株將如左紫移植他人邪無亦若是花之已槁死也嗚呼往者既然況來者之不可必耶細者且然況大此倍蓰十百者耶則吾平生所當勉吾身而因循弗力以去不可復追者已多也誠可爲老將至之一慨而植物之死生又不足怪也爾

牡丹譜

胡元質

大中祥符辛亥春府尹任公中正宴客大慈精舍州民王氏獻一合歡牡丹公即命圖之士庶創觀闐咽終日蜀自李唐後未有此花凡圖畫者唯名洛陽花僞蜀王氏號其苑曰宣華權相勳臣競起第宅上下

窮極奢麗皆無牡丹惟徐延瓊聞秦州董成村僧院有牡丹一株遂厚以金帛歷三千里取至蜀植于新宅至孟氏於宣華苑廣加栽植名之曰牡丹苑廣政五年牡丹雙開者十黃者白者三紅白相間者四後主宴苑中賞之花至盛矣有深紅淺紅深紫淺紫淡黃鉅黃潔白正暈倒暈金含稜銀含稜傍枝副搏合歡重臺至五十葉面徑七八寸有檀心如墨者香聞至五十步蜀平花散落民間小東門外有張百花李百花之號皆培子分根種以求利每一本或獲數萬錢宋景文公初帥蜀彭州守朱君綽始取楊氏園花

凡十品以獻公在蜀四年每花時按其名往取彭州送花遂成故事公於十種花尤愛重錦被堆嘗爲之賦盖他園所無也牡丹之性不利燥濕彭州丘壤既得燥濕之中又土人種蒔偏得法花開有至七百葉面可徑尺以上今品類幾五十繼又有一種色淡紅枝頭絶大者中書舍人程公厚倅是州目之爲祥雲其花結子可種餘花多取单葉花本以千葉花接之千葉花來自洛京土人謂之京花单葉時號川花爾景又所作貫別爲一編其爲朱彭州賦牡丹書有蹄金點髮窰璋玉鏤跗紅香惜持來遠春應摘後空之

句令西樓花數欄花不甚多而彭州所供率下品范
公成大時以錢買之始得名花提刑程公沂預會歎
曰自離洛陽今始見花爾程公故洛陽人也

朝天紫

朝天紫本蜀牡丹花名其色正紫如金紫大夫之服
色故名後以爲曲名今以紫作子非也

一捻紅

貴妃匀面脂在手印花上來歲花開上有指印紅迹
帝名爲一捻紅遺事則曰楊家紅

蕚綠華

薛蕙集李子西送佛頭青花得自永寧王宮中盖牡丹之殊異者喜而賦詩且改名為蕚緑華云故人眞好事為我致名花書寄夷門道春來帝子家玉肌名素雪翠袖影青霞合避金僊號更名蕚緑華蕚緑華者女仙也上下青衣頰色絶整

緑蝴蝶南人呼為佛頭青西人謂之鴨蛋青中原稱為緑蝴蝶幹直勁易長開最晩千葉

香放葉時純緑謂之緑牡丹亦可盛開純白耀於冬雪中有蝴蝶簇起宛然有飛意

范景仁入洛有獻黄花乞名者潞公名之曰女眞黄又有獻淺紅乞名者鎮名之曰洗粧紅二花者

洛人盛傳然此花樣差小間就洛陽求頭乃得二種在其間甚善上云李才元寄示蜀中花圖

元豐七年地藏寺殿後牡丹一莖五色見惟揚志

正統四年閏二月十六日天香圃牡丹一品變成緑色凡開三朶　憲宗畫其形色詠之以詩

慈恩寺牡丹

京國花卉之晨尤以牡丹爲上至于佛宇道觀遊覽者罕不經歷慈恩浴堂院有花兩叢毎開及五六百朶繁艷芬馥近少倫比有僧思振常話會昌中朝士數人尋芳遍詣僧室時東廊院有白花可愛相與傾

國而坐因云牡丹之盛盖亦奇矣然世之所玩者但淺紅深紫而巳竟未識紅之深者院主老僧微笑曰安得無之但諸賢未見爾於是從而詰之經宿不去云上人向來之言當是曾有所覩必希相引寓目春遊之願足矣僧但云昔於他處一逢盖非輦轂所見及旦求之不巳僧方露言曰衆君子好尚如此貧道又安得藏之今欲同看此花但未知不泄於人否朝士作禮而誓云終身不復言之僧乃自開一房其間施設幡像有板壁遮以舊幕幕下啓開而入至一院有小堂兩間頗甚華潔軒廡欄檻皆是栢材有殷紅

牡丹一窠婆娑幾及千朶初旭纔照露華半晞濃姿
半開炫燿心目朝士驚賞留戀及暮而去僧曰予保
惜栽培近二十年矣無端出語使人見之從今已往
未知何如耳信宿有權要子弟與親友數人同來入
寺至有花僧院從容良乆引僧至曲江閑步將出門
令小僕寄安茶笈褁以黄帊於曲江岸藉草而坐忽
有子弟奔走而來云有數十人入院搖花禁之不止
僧俛首無言唯自吁嘆坐中但相盻而笑旣而却歸
至寺門見以大畚盛花舁而去取花者徐謂僧曰竊
知貴院舊有名花宅中咸欲一看不敢預有相告盖

恐難於見捨適所寄籠子中有金三十兩蜀茶貳觔
以爲酬贈
崑崙山元陽觀宮殿後有牡丹花根株連抱問植
者誰曰王僊所遺也
勞山茅菴菴前牡丹諸奇花偃松異木其連築木
石所植花卉皆僧負戴梯而至者
池州銅陵縣民人盛元之家有可繫馬者其屋亦
尚宋造

香艷醒酒

明皇與妃子幸華清堂因宿酒初醒凭妃子肩同看

木芍藥帝親折一枝與妃子遞嗅其艶帝曰不惟萱草忘憂此花香艶尤能醒酒

清平調

明皇沉香亭前花繁開日賞名花對妃子焉用舊詞命李龜年捧金花箋宣賜翰林李白進清平調詞三章白宿酲未解援筆賦之末章云名花傾國兩相歡長得君王帶笑看詞進太真持玻瓈七寶盞酌凉州蒲萄酒笑領歌意

大中祥符天僖間暮春之月閤門傳宣布告令赴池苑游宴之會法從既集俄而陰雲興密雨降有

詔罷後苑之遊止賜宴飲上御承明殿面北而坐預侍坐者翼列如儀既而執事之臣捧金盤進名花有牡丹重沓千房者并諸奇花首置御坐前餘皆散布諸臣雕俎之上內臣先供奉至尊戴御花以及親賢宰執亦如之以次諸臣皆自戴焉上忽乃眷西顧宣言曰與學士戴花內庭侍從惟學士不呼名俄有中使數人遽至與過及一二同僚戴之觀者無不竦動見清豐縣志

牛酥煎食

孟蜀時李昊每將花遺朋友以興平酥同贈曰俟花

彫謝以牛酥煎食之

大和九年誅王涯等仇士良愈專恣文宗惡之雖登臨遊幸未嘗爲樂或瞪目獨語左右莫敢進問因題詩曰輦路生春草上林花滿枝憑高何限意無復侍臣知一日看牡丹或吟曰拆者如語合者如咽俯者如愁仰者如悦吟罷方省元輿詞不覺嘆息泣下沾衣

舒元輿牡丹賦

天后之鄉西河也精舍下有牡丹其花特異天后歎上苑之有闕因命移植焉由此京國寖盛近代文士

爲歌詩以詠其形容未有能賦之者余獨賦之以極其美或曰子常以丈夫功業自持今則肆情於一花無乃有兒女之心乎余應之曰吾子獨不見張荊州之爲人乎斯人信丈夫也然吾觀其文集之首有荔枝賦焉荔枝信美矣然亦不出一果所與牡丹何異哉但問其所賦之旨何如吾賦牡丹何傷焉或者不能對余遂賦以示之

斸牡丹

長安貴遊尚牡丹三十餘年矣每春暮車馬若狂以不就觀爲恥金吾鋪圍外寺觀種以求利一本有數

萬者元和末韓令姪至長安私第有之遽命斵去曰
吾豈効兒女子也

香艷各異

明皇沉香亭前一枝二頭朝深碧暮深黃夜粉白香艷各異帝曰此花木之妖賜楊國忠以百寶爲欄

野鹿啣花

明皇時民間貢牡丹花面一尺高數寸帝未及賞爲野鹿啣去有倭人奏云釋氏有鹿啣花以獻金仙帝私曰野鹿遊宮中得佳兆也殊不知應禄山之亂
五帝樓臺鎖碧霞終年培養牡丹芽不防野鹿踰垣

入啣去宮中第一花

花間金蝶

唐穆宗殿前種千葉牡丹花始開香氣襲人一朶千葉大而且紅上每覩芳盛嘆曰人間未有自是宮禁中常夜即有黃白蝴蝶計萬數飛集于花間輝光照耀達曉方去宮人競以羅巾撲之無有獲者上令張網于空中遂得數百于殿內縱嬪御追捉以爲娛樂遲明視之則皆金玉也其狀工巧無以爲比而內人爭用絲縷絆其脚以爲首飾夜則光起粧奩中其後開寶厨視金屑玉屑藏內將有化爲蝶者宮中方覺

馬

牡丹花妖

錫山安氏搆一圃於城南郊外倩老圃徐奎掌之圃中花卉不一如牡丹尤盛天順庚辰春夕奎聞圃中嘆聲喔咿諦聽之聲出牡丹花中云我等主翁灌漑有年但經歲不獲善已來日厄亦至如柰何郡花咸若哽咽奎大聲叱之乃止翌日主翁果携酒詣圃奎語以是故客皆異之二惡少獨嗔其妄竟閱姣且大者折以持去抵家遂患下堂之厄旬月而愈

鹿馬奔出

富鄭公留守西京因府園牡丹盛開召文潞公司馬端明楚建中劉几邵先生是時牡丹一欄凡數百本坐客曰此花有數乎且請先生筮之既畢曰凡若干朶使人數之如先生言又問曰此花幾時開盡請再筮之先生再揲蓍良久曰此花盡來日午時坐客皆不答鄭公因曰來日食後可會於此以驗先生之言坐客曰諾次日食畢花向無恙洎烹茶忽群馬廄中逸出與座客馬相踶齧奔出花叢中既定花盡毀折矣於是洛中愈服先生之言

牡丹紀異

宋高宗紹興三十一年饒州鄱陽縣石門民家籬竹生重萼牡丹　鄱陽石門民張公僕家竹籬上生重臺牡丹一枝甚大　元豐末予到秀州人家屋瓦上冰亦成花每瓦一枝正如畫家所爲折枝有大花似牡丹芍藥者細花如海棠萱草輩者皆有枝葉無毫髮不具氣象生下雖巧筆不能爲之以紙搨之無異石刻　淳化三年冬十月京師太平興國寺牡丹生華占曰有喪是歲恭孝太子薨

溫成換粧

宋長編仁宗時廣中抄沒巨商得大珠帝以賜張貴

妃諸嬪御欲之爭於市中求珠珠價頓增一日於後苑賞花貴妃以所賜珠爲首飾帝望見以袖掩面曰蒲頭白紛紛地全無些忌憚貴妃懟急易之因各簪牡丹花一枝帝始悅 艷粧濃抹竟求恩獨把珠璣壓鬢雲爭得君王一回顧蒲頭何事白紛紛 韓子蒼楊妃上馬圖詩尚覓君王一回顧金鞍欲上故遲遲

李王頓悟

金陵清涼院文益禪師一日與李王論道罷同觀牡丹花王命作偈師即賦曰擁毳對芳叢由來趣不同髮從今日白花是去年紅艷色隨朝露馨香逐晚風

何須待零落然後始知空王頓悟其意

黑牡丹

唐末劉訓京師春遊觀牡丹訓邀客賞花乃繫水牛在前指曰此劉氏黑牡丹也

臨白玉欄干賞牡丹

仁宗光獻皇后崩上悲慕甚有姜識者自言有神可使死者復生上以其術置壇外苑數旬不效乃曰臣見太皇后方與仁宗宴臨白玉欄干賞牡丹無意來人間也上知其誕亦不深罪蔡承禧進挽詞曰天上玉欄花已折人間方士術何施謂是也出筆錄

見根撥而知高下

邵康節訪商守趙郎中與章子厚同會子厚議論縱横不知敬康節語次因及洛中牡丹之盛趙守謂章曰先生洛人也知花爲甚詳康節因言洛人以見根撥而知花之高下者知花之上也見枝葉而知高下者知花之次也見蓓蕾而知高下者知花之下也如公所説乃知花之下也章默然整服

栽培法

歐公洛陽風土記洛陽之俗大抵好花春時城中無貴賤揷花雖負擔者亦然花開時士庶競爲遨遊往

往於古寺廢宅有池臺處爲市井張幕帟笙歌之聲相聞最盛於月坡堤張家園棠棣坊長壽寺東街與郭令宅至花落乃罷洛陽至東京六驛舊不進花自今李相迪留守時始進御歲差衙校一員乘驛馬一日一夕至京師所進不過姚黃魏紫三四朶用菜葉實竹籠子藉覆之使馬上不動搖以蠟封花蒂乃數日不落大抵洛人家家有花而少大樹者盖其不接則不佳春初時洛人於壽安山中斷小栽子賣城中謂之篦子人家治地多畦塍種之至秋乃接接花尤工者謂之門園子盖本姓東門氏豪家無不邀之姚

黄一接頭直五千秋時立契買之至春花乃歸其洛陽人甚惜此花不欲傳有權貴求其接頭者或以湯中蘸殺與之魏花初出時接頭亦直五千今尚直一千接時須用社後重陽前過此不佳也花之本去地五七寸許截之乃接以泥封裹用軟土擁之以蒻葉作菴子罩之不令見風日惟南向留一小戶以達氣至春乃去其覆此接花之法也用瓦亦可種花必擇善地去舊土以細土用白斂末一觔和之蓋牡丹根甜多引蟲食白斂能殺蟲此種花之法也澆花亦自有時或用日西或用日未出時秋時旬日乃澆十月

十一月三二日一澆此澆花之法也一本發數朶者擇其小者去之止留一二朶謂之打剝惧分其脉也花纔落便剪其枝勿令結子惧其易老也春初既去蒻菴便以棘數株置花叢上棘氣暖可以避霜不損花芽此養花之法也開漸小於舊者蓋蠹蟲損之必尋其穴以硫黄簪之其旁又有小穴如針孔乃蟲所藏處花工謂之氣窓以大針點硫黄末針之蟲乃死花復盛此醫花之法也烏賊魚骨用以針花樹入其皮花必死此花之忌也　牡丹最忌者麝香也有人帶香入園其花即時萎落今汴中種牡丹者於園之

四邊種辟麝數株其枝葉類冬青每花開時辟麝正
發新葉氣味辣臭能辟麝香使不傷花　立春若是
子日於茄根上接牡丹花不出一月即爛熳　周日
用曰是閩熟地栯生菜蘭搏石硫黃篩於其上以盆
覆之即時可待又以變白牡丹爲五色皆以沃其根
以紫草汁則變之紫紅花汁則變紅　種牡丹花以
冬至夜撥開根脚下土來日取水缸内石衣擁之加
此肥土即盛　剪牡丹花欲急則花牀無傷　韓湘
置藥白牡丹花根下明年作金稜碧色四面又開五
色

正午牡丹

歐陽公嘗得一古畫牡丹叢其下有一猫未知其精粗丞相正肅吳公與歐公姻家一見曰此正午牡丹也何以明之其花披哆而色燥此日中時花也猫眼黑睛如線此正午猫眼也有帶露花則房斂而色澤猫眼早暮則睛圓日漸中狹長正午則如一線耳此亦善求古人心意也

鶴傍牡丹圖

元末江西程國儒任餘姚州判官因亂來依方谷珍與呂玄英爲友國儒有鶴傍牡丹圖索呂題云牡丹

花畔鶴精神飛並雲林似倚人萬里青霄不歸去洛陽能有幾時春程得詩即日促裝回番易

花石

花石在慈和縣武口寨石上有花如堆心牡丹枝葉繚繞雖精於畫者莫能及或以拘擊碎其花拂拭其花復見重疊非一

劉幻接花

宣和初京師大興園圃蜀道進一接花人曰劉幻言其術與人異常徽宗召赴御苑居數月中使詣苑檢校則花木枝幹十已截去七八驚詰之劉所為也呼

而詰責將加杖笑曰官無憂今十一月矣少須正月奇花當盛開苟不然甘當極典中使入奏上曰遠方伎藝必有過人者姑少待之至正月十二日劉白中使請觀花則已半開枝蔓晶熒品色迥絶酴醿一本五色芍藥牡丹變態百種一叢數品花一花數品色池冰未消而金蓮重臺繁香芬郁光景粲絢不可勝述事聞詔用上元節張燈花下召戚里宗王連夕宴賞嘆其人術奪造化厚賜而遣之

白牡丹　白居易

城中看花客旦暮走營營素華人不顧亦占牡丹名

閑在深寺中車馬無來聲唯有錢學士盡日遶叢行
憐此皓然質無人自芳馨衆嫌我獨賞移植在中庭
留景夜不暝迎光曙先明對之心亦靜虛白相向生
唐昌玉蘂花攀玩衆所爭折來比顏色一種如瑶瓊
彼因稀見貴此以多爲輕始知無正色愛惡隨人情
豈惟花獨爾理與人事并君看入眼者紫艶與紅英

買花　白居易

帝城春欲暮喧喧車馬度共道牡丹時相隨買花去
貴賤無常價酬直看花數灼灼百朶紅戔戔五束素
上張幄幕庇旁織巴籬護水洒復泥封移來色如故

家家習爲俗人人迷不悟有一田舍翁偶來買花處
低頭獨長歎此歎無人諭一叢深色花十戶中人賦

雜詩

似共東風别有因絳羅高捲不勝春若教解語應傾
國任是無情也動人芍藥與君爲近侍芙蓉何處避
芳塵可憐韓令功成後辜負穠華過此身　春風晴
晝起浮光玉作肌膚羅作裳獨步世無吳苑艷渾身
天與漢宮香一生多怨終羞語未剪相思已斷腸
紅開西子粧樓曉翠揭麻姑人殿寒三月莫辭千度
醉一生能得幾回看曉檻競開香世界夜欄頻結醉

因緣　花向玻璃地土生光風宛轉紫雲霙自從天
女盤中見直至今朝眼更明　應爲價高人不問卻
緣香甚蝶難親　偶白豪家種牡丹數株攀露出朱
闌晚來低面開檀口似笑窮愁病長官　風飄金蕋
看全落露滴檀英又暫蘇　惆悵堦前紅牡丹晚來
猶有兩枝殘明朝風起應愁盡夜惜紅芳把火看
陳堯佐退居鄭圃尤好詩什張士遜判西京以牡丹
花及酒遺之堯佐荅曰有花無酒頭慵舉有酒無花
眼懶開正向西園念蕭索洛陽花酒一時來當時稱
其有韻　岑樓慎氏曰予閱初生天緣奇遇錄廡宅

賞牡丹詩云萬恨莫辭金谷酒一樽且近玉樓春二
句作對天然雖雜以唐詩難辨未可以元人目之也
亂前看不足亂後眼偏明却得蓬蒿力遮藏見太
平 北地花開南地風寄根還與客心同群芳盡怯
千般態幾醉能消一番去紅舉世秪將華勝實眞禪
元喻色爲空近年明主思王道不許新栽滿六宫

芍藥

本草一名黑牽夷　韓詩曰芍藥離草也詩曰伊其
相謔贈之以芍藥牛亨問曰將離相贈以芍藥者何
也董子答曰芍藥一名可離將別故贈之亦猶相招

贈之以文無故文無一名當歸芍藥榮於仲春華於孟夏傳曰驚蟄之節後二十有五日芍藥榮是也素問王冰注雷乃發聲之下有芍藥榮芍藥香草制食之毒者莫良于芍藥故獨得藥之名所謂芍藥之和具而後御之岑樓愼氏曰句出子虛賦草謂之榮與此不同況今芍藥四月始榮故知其僞也　華有至千葉者俗呼小牡丹今群芳中牡丹品第一芍藥品第二故世謂牡丹爲華王芍藥爲華相又或以爲華王之副也崔豹古今注云芍藥有二種有草芍藥有木芍藥木者花大而色深俗呼爲牡丹非也安期生服鍊

法云芍藥有二種有金芍藥有木芍藥金者色白多脂木者色紫多脉此則驗其根也然牡丹亦有木芍藥之名其花可愛如芍藥宿枝如木故得木芍藥之名芍藥著於三代之際風雅之所流詠也牡丹初無名故依芍藥以爲名亦如木芙蓉之依芙蓉以爲名也牡丹晚出唐始有聞貴游趍競遂使芍藥爲落譜衰宗見通志草木略

婪尾春

胡嶠詩缾裏數枝婪尾春時人罔喻其意桑維翰曰唐末文人有謂芍藥爲婪尾春者婪尾酒乃最後之

盃芍藥殿春亦得是名見清異錄

芍藥序

孔常父云唐詩人如盧仝杜牧張祜之徒皆居廣陵日久未有一語及芍藥者是花品未有若今日之盛也

芍藥花譜總別四十二種其色則世傳以黃者爲貴餘皆下品也君子謂此花獨產於廣陵者爲得風土之正亦猶牡丹之品洛陽之外無傳焉

宋劉攽揚州芍藥譜比三十一種冠羣芳賽羣芳寶妝成盡天工曉妝新點妝紅疊香英積嬌紅醉

西施道妝成菊香頭素妝殘試梅妝淺妝勻醉嬌紅凝香英石嬌紅縷金囊怨春紅妬鵞黃熏金香試濃妝宿妝殿取次妝聚香絲簇紅絲效殿妝會三英合歡芳擬繡鞴銀含稜孔武仲揚州芍藥譜凡三十三種御衣黃青苗黃樓子尹家二色黃樓子絳州紫苗樓子圓黃硤石黃鮑家黃石壕黃壽州青苗黃樓子黃絲頭道士黃白纈子金線樓子金繫腰溫池紅紅纈子胡家纈玉樓子玉逍遥紅樓子青苗旋心二色紅楊家花茅山紫樓子茅山冠子柳浦冠子軟條冠子當州冠子多葉鞍子髻

子紅絲頭緋多葉紹熙廣陵志芍藥譜凡三十二
種御愛紅御衣黄玉盤盂玉逍遥紅都勝紫都勝
觀音紅包金紫黄樓子尹家黄黄壽春出羣芳蓮
花紅瑞蓮紅霓裳紅柳浦紅茅山紅延州紅綴珠
紅金繫腰玉板纈玉冠子紅冠子紫鱠盤小紫毬
鎮淮南倚欄嬌胡纈玉樓子單緋粉緣子紅旋心
見惟揚志

玉盤盂

東武舊俗每歲四月大會於南禪資福兩寺芍藥供
佛而今歲最盛凡七十餘朶皆重跗累萼繁麗豐碩

中有白花正圓如覆盂其下十餘葉承之如盤姿格獨出於七十朶之上因易名曰玉盤盂

金帶圍

宋劉攽譜叙其數榮斂艷他郡莫比其紅葉黃腰者號金帶圍無種有時而出則城中當有宰相宋韓琦守廣陵日郡圃芍藥盛開得金帶圍四朶公乃選客具樂以賞之時王珪爲郡倅王安石爲幕官皆在選而缺其一花已盛公謂今日有過客即使當之及暮報陳太傅升之來明日遂開宴折花插賞後四人皆爲首相

文淵閣芍藥

宣廟幸文淵閣命于閣右築石臺植澹紅芍藥一本景泰初增植二本左純白右深紅後學士李賢命之以美名曰醉仙顏澹結也曰玉帶曰純白也曰宮錦紅深紅也與衆賦詩曰玉堂賞花集

王觀芍藥譜序

維楊居人以治花相尚方九月十月時悉出其根滌以甘泉然後剥削老硬病腐之處揉調沙糞以培之易其故土大約三年或二年一分不然則舊根老硬而侵食新芽故花不成就分之數則小而不舒不分

與分之太數皆花之病也花顏色之深淺與葉蕋之
繁盛皆出於培壅剥削之力花既萎落亟剪去其子
屈盤枝條使不離散脉理不上行而皆歸於根明年
新花繁而色潤雖花根窠多不能致遠惟芍藥及時
取根盡取本上貯以竹席之器雖數千里之遠一人
可負數百本而不勞至於他州則壅以沙糞雖不及
維揚之盛而顏色亦非他州所有者比也亦有踰年
即變而不成者此亦繫土地之宜而人力之至不至
也花品舊傳龍興寺山子羅漢觀音彌陀之四院冠
於此州其後民間稍稍厚賂以丐其本培壅事治遂

過於龍興之四院今則有朱氏之園最爲冠絕南北二園所種幾於五六萬株意其自古種花之盛未之有也朱氏當其花之盛開飾亭宇以待來遊者逾月不絕而朱氏未嘗厭也揚之人與西洛不異無貴賤皆喜戴花故開明橋之間方春之月拂旦有花市焉州宅舊有芍藥廳在都廳之後聚一州絕品於其中不下龍興朱氏之盛　芍藥有三十四品舊譜只取三十一種余自熙寧八年季冬守官江都又得八品非平日三十一品之比此皆世之所難得

變芍藥

以雜矢和土培芍藥花叢其淡紅者悉成深紅

萬花會

東坡之揚州芍藥爲天下冠蔡繁卿爲守始作萬花會用花十餘萬枝既殘諸園吏並緣爲奸民大病之余始至問疾苦以此爲首遂罷之萬花本洛陽故事亦必爲民害也會當有罷之者錢惟演爲留守始置驛貢洛花識者鄙之曰此宮妾愛君之意也

女真多白芍藥花皆野生絕無紅者好事之家采其芽爲菜以麵煎之凡待賓齋素則用其味脆美可以久留無生薑至燕方有之每兩價至千二百

金人珍甚不肯妄設遇大賓至縷切數絲寘楪中以為異品不以雜之飲食中也

草詞畢遇芍藥初開因詠小詩紅藥高堦翻詩以為一句未盡其狀偶成十六韻

罷草紫泥詔起吟紅藥詩詞頭封送後花口坼開時坐對鈎簾久行觀步履遲兩三叢爛熳十二紫參差背日房微斂當堦朵旋攲釵葶抽碧股粉蘂撲黃絲動蕩情無限低斜力不支周圍看未足比諭語難為勾漏丹砂裹僬僥火燄旗彤雲勝根蔕絳幘欠纓緌況有晴風度仍兼宿露垂疑香薰罨畫似淚着臙脂

有意留連我無言怨思誰愁應明日落如恨隔年期

藹菖泥連萼玫瑰刺綉莖等是無勝者唯眼與心知

貞元十四年早春[illegible]寄藥　呂衡州

綠原青壠漸成塵汲井開園日日新四月帶花移芍藥不知憂國是何人

詩　蔡襄

一聲題鴂畫樓東魏紫姚黃掃地空多謝花工憐寂寞尚留芍藥殿春風

華夷鳥獸考卷之七

吳興郡山人愼懋官選集

鳳

孔演圖曰鳳火精也毛詩草蟲經曰雄曰鳳雌曰皇其雛爲鸑鷟或曰鳳皇一名鸑鷟一名鶠毛詩疏曰鳳非梧桐不棲非竹實不食論摘衰聖曰鳳有六像九包六像者一曰頭像天二曰目像日三曰背像月四曰翼像風五曰足像地六曰尾像緯九包者一曰口包命二曰心合度三曰耳聽達四曰舌詘伸五曰彩色光六曰冠矩州七曰距銳鉤八曰音激揚九曰

腹户行鳴曰歸嬉士鳴曰提扶夜鳴曰善哉晨鳴曰賀世飛鳴曰郎都知我唯黄持竹實來故子欲居九夷從鳳嬉宋均曰緯五緯也度天也州當木朱色也戸所内出入也應天下和平者也黄黄中通理也鳳遇亂則潛居九夷許慎說文曰鳳神鳥也天老曰鳳像麟前鹿後蛇頸而魚尾龍文龜背鸞頷鷄喙五色備舉出東方君子之國翺翔四國之外過崑崙飲砥柱濯羽弱水暮宿丹穴見則天下大安寧字從鳥凡聲也鳳飛則羣鳥從以萬數也

千金毛

王子年拾遺記曰周昭王以青鳳之毛爲二裘一曰

煥質一曰膇肌常以禦寒至厲王木猶寶此物及厲王流于彘人得而珍之罪有陷大辟者以青鳳毛贖罪免死片毛則准千金

烏鳳

如喜雀色紺碧頸毛類雄雞鬃頭有冠尾垂二弱骨各長一尺四五寸其杪始有毛羽一簇冠尾絶異大畧如鳳鳴聲清越如笙簫然度曲妙合宮商又能為百蟲之音生左右江溪洞中極難得然書傳未之紀當由人罕識云

山鳳凰

狀如鵝鴈嘴如鳳巢兩江深林中伏卵時雄者以木枝雜桃膠封其雌于巢獨留一竅雄飛求食以飼之子成即發封不成則窒竅殺之此亦異物然未之見也

桐花鳥

劍南彭蜀閒有鳥大如指五色畢具有冠似鳳食桐花每桐結花即來桐花落即去不知何之俗謂之桐花鳥極馴善止於婦人釵上客終席不飛人愛之無所害也　土人畫桐花鳳扇

九色鳥

軒渠其國多九色鳥青口緑頸紫翼紅膺紺頂丹足碧身緗背玄尾亦名九尾鳥亦名錦鳳其青多紅少謂之繡鸞常從弱水西來或云是西王母之禽也

白鸚䳇

大如小鵝亦能言羽毛玉雪以手撫之有粉粘著指掌如蛺蝶翅

陁洹國在墮和羅西北大唐貞觀中遣使獻鸚䳇毛羽皓素頭上有紅色數十莖與翅齊

黃鸚䳇

雲南鎮守太監遣人徃百夷求得黃鸚䳇邀巡撫雲

南都御史王恕進獻

鸚鵡鸚歌

鸚鵡大而白色遠出西洋鸚歌小而毛羽鮮明海南暹國眞臘地悶耆婆諸番皆有其種有十餘西洋遠番多不能言廣人望而知其所生之地焉

近海郡尤多民或以鸚鵡爲鮓又以孔雀爲腊皆以其易得故也此二事載籍所未紀自余始志之

南人養鸚鵡者云此物出炎方稍北中冷則發瘴噤戰如人患寒熱以柑子飼之則愈不然必死

鸚鵡瘴

廣之南新勤春十州呼爲南道多鸜鵒凡養之俗忌以手頻觸其背犯者即多病鸜而卒土人謂爲鸜鵒瘴愚親驗之

秦吉了

如鸜鵒紺黑色丹咮黄距目下連頂有深黄文頂毛有縫如人分髮能人言比鸜鵒尤慧大抵鸜鵒如兒女吉了聲則如丈夫出邕州溪洞中唐書林邑出結遼鳥林邑今占城去邕欽州但隔交趾疑即吉了也

赤白吉了

普寧有廉州民獲赤白吉了各一頭獻于刺史者其

赤者尋卒白者久而能言

西域南天竺獻五色能言鳥

婆利國有鳥名舍利解人語

孔雀

生高山喬木之上人探其雛育之喜卧沙中以沙自浴枸枸甚適雄者尾長數尺生三年尾始長歲一脫尾夏秋復生羽不可近目損人飼以猪腸及生菜惟不食菘

一說孔雀不疋偶但音影相接便有孕如白鶂雌雄相視則孕或曰雄鳴上風雌鳴下風亦孕見慱

物志宋紀曰孝武大明五年有獻白孔雀爲瑞者

鶴

宋沈括云鶴惟華亭之鶴窠村所出爲得地他雖有此格也（平涼府華亭縣）江陵鶴澤澤中多鶴因以名郡

詩義疏曰鶴大如鵝長三尺脚青黑高三尺餘赤頰赤目喙長四寸多純白亦有蒼色蒼色者今人謂之赤頰常夜半鳴其鳴高朗聞八九里雌老者乃聲下今吳人園中及士大夫家皆養之鷄鳴時亦鳴繁露曰鶴知夜半（鶴水鳥也夜半水位感其生氣則益喜而鳴）鶴所以壽者無死氣於中也相鶴經曰鶴者陽鳥也而遊於陰因金

氣依火精以自養金數九火數七故七年小變十六年大變百六十年變止千六百年形定體尚絜故其色白聲聞天故頭赤食於水故其喙長軒於前故後指短棲於陸故足高而尾凋翔於雲故毛豐而肉踈大喉以吐故脩頸以納新故生天壽不可量所以體無青黃二色者木土之氣內養故不表於外是以行必依洲嶼止不集林木盖羽族之宗長仙人之騏驥也鶴之上相瘦頭朱頂露眼黑睛高鼻短喙鮭音故解反頰骶音德宅反耳長頸促身鸞膺鳳翼雀毛龜背鼈腹軒前垂後高脛粗節洪髀纖指此相之備者也鳴則聞

於天飛則一舉千里鶴二年落子毛易黑點三年產伏復七年羽翮具復七年飛薄雲漢復七年舞應節復七年晝夜十二時鳴中律復百六十年不食生物復大毛落茸毛生雪白或純黑泥水不汚復百六十年雄雌相見目精不轉而孕千六百年飲而不食鸞鳳同爲群聖人在位則與鳳凰翔於甸見初學記

凡鶴之上相隆鼻短口則少眠高脚疎節則多力露眼赤睛則視遠回翎亞膺則體輕鳳翼雀尾則善飛龜背鼈腹則能產輕前重後則善舞洪髀纖趾則能行禽經曰鶴以怨望鴟以貪顧雞以嗔睍鴨以怨瞋雀以

猜瞿燕以狂䁥視也鷽以喜囀鳥以悲啼鳶以饑鳴鶴以絜唳梟以凶叫鵄以愁嘯鳴也今鶴雌雄相隨如道士步斗履其跡而孕內典白鶴影生禽經曰鶴愛陰而惡陽鴈愛陽而惡陰見埤雅　千歲之鶴能登木其未千歲者終不集樹也純白腦盡成骨也見抱朴子

鶴語寒

太康二年冬大寒南州人見二白鶴於橋下曰今茲寒不減堯崩年於是飛去出異苑

二鶴釋冤

正德初吾郡顧中丞逢原家忽被盜捕卒廣訪不獲

顧評有治圃數人訟於郡侯廣東林公臺下數人累經峻刑未肯招伏林公欲加炮烙之刑其火方熾臺下二鶴各啣熾火擲諸水中林公始知罪及無辜是以釋之

衛懿公性好白鶴不理國事在後宮築臺高十丈名曰鶴臺養數百鶴於其上皆以錦繡爲衣金珠飾頂每月衆鶴皆有俸禄公若出遊選能舞能鳴之鶴數十箇盡以大軒大夫所乘之車也載於駕前號曰鶴大夫

鶴駕

周靈王太子晉好吹笙浮丘翁接上嵩山三十餘年後來告我家七月七日待我於緱山頭果乘白鶴駐山巔舉首謝時人而去故後世稱太子之駕曰鶴駕宮曰白鶴禁曰鶴禁

鸛

鸛形狀略如鶴其性耳帶每遇巨石知其下有蛇即於石前如術士禹步其石阞然而轉南方里人學其法者伺其養雛緣木以篾絙縛其巢鸛必作法解之乃於木下鋪沙印其足迹而傚學之天將雨則長鳴而喜蓋知雨者也又善群飛薄霄激雨雨為之散作

窠大如車輪卵如三升杯擇礜石以嫗卵鸛水鳥也伏卵時數入水卵則不叚卵取礜石周圍繞卵以助煖氣故方術家以鸛煖巢中礜石爲眞物也又泥其巢一傍爲池以石宿水令人謂之鸛石飛則將之取魚置池中稍稍以飼其雛禽經曰鸛俯鳴則陰仰鳴則晴

燕

春秋運斗樞曰瑶光星散爲燕　燕一名玄鳥　昔人謂詩人於鴈曰孤燕曰雙而未嘗言孤燕者齊衛敬瑜妻王氏題孤燕詩云昔年有偶去今春猶獨歸

故人恩義重不忍更雙飛此詩盖寓意也

伯勞東去燕西飛

伯勞鵙也楊子雲賦鶗鴂蘇林音殄絹師古音弟桂字書云伯勞也伯勞五更鳴不止至曙乃息燕晝語夜息伯勞夏至來冬至去燕春分來秋分去伯勞聲惡燕語善伯勞單飛獨栖燕匹栖雙飛每每相反而不相合故樂府云伯勞東去燕西飛喻離別也

鶯

章茂深嘗得其婦翁石林所書賀新郎詞首曰睡起啼鶯語章疑其誤頗詰之石林曰老夫嘗考之矣流

鶯不解語啼鶯解語見禽經

喚起

形不踰反舌春曉則鳴每聲則連呼起字其聲圓滑如黄鸝林薄叢密之處多棲息焉韓退之喚起窓前曙催歸日未西喚起即此鳥也見九華山志

念佛鳥

大如鳩羽色黄褐翠碧間而成文音韻清滑如誦佛聲一名念佛子唐韋蟾詩靜聽林飛念佛鳥細看壁畫馱經馬念佛鳥此有之也見九華山志

擣藥鳥

形罕見春夏之間月夜獨鳴於深巖幽谷之中啼曰克丁當宛如杵臼敲戛之聲清亮可聽王梅溪詩云聞説僊翁擣藥處鳥聲依舊克丁當見九華山志

雲韶部

俗名音聲鳥有二種形如練鵲毛具五色喙紅足碧一種畧小羽間玄黄足或青或紅多居高峯絶巘之間面陽而巢飛翔有序群族必单暮春早秋時一見之風輕烟煖聲響互發如聆簫韶也見九華山志

提壺蘆

狀類燕子色錯黄褐春日則呌曰提壺蘆沽美酒人

多見之見九華山志

鴉

有別種土人呼爲寒鴉歲十月自西北來其陣蔽天及春中乃去秦少游詞寒鴉萬點流水遶孤村不至越者殆不知也

鸊鷉

鸊鷉膏主耳聾滴耳中又主刀劍令不鏽以膏塗之水鳥也如鳩鴨脚連尾不能陸行常在水中人至即沉或擊之便起爾雅注云膏主堪瑩劍續英華詩云馬銜苜蓿葉劍瑩鸊鷉膏是也

鸕鷀

此鳥胎生從口中吐雛如兎子類故杜臺卿淮賦曰
云鸕鷀吐雛於八九鵁鶄銜翼而低昂是也

杜鵑

蜀王本記云杜宇爲望帝淫其臣鼈靈妻乃亡去蜀
人謂之望帝異苑云杜鵑先鳴者則人不敢學其聲
有人山行見一羣聊學之嘔血便殞楚詞云鶗鴂鳴
而草木不芳人云口出血聲始止故有嘔血之事也

鵂鶹

鵂鶹夜撮蚤察毫毛晝則瞋目不見丘山言殊性也

嗽金鳥

嗽金鳥出昆明國形如雀色黄常翺翔於海上魏明帝時其國來獻此鳥飴以眞珠及龜腦常吐金屑如粟鑄之乃爲器服宫人爭以鳥所吐金爲釵珥謂之辟寒金以鳥不畏寒也宫人相嘲弄曰不服辟寒金那得帝王心不服辟寒鈿那得帝王怜

翡翠

翡翠生于深黎之茂林峻嶺人罕得見傳云晴霽日中始一出陰晦竟日不出小大僅侔梁燕羽翰五色離披可愛人必積久探視羅其巢始獲之也

鴝鵒

舊言可使取火効人言勝鸚䳇取其目睛和人乳研滴眼中能見煙霄外物也

吐綬鳥

魚復縣南山有鳥大如鴝鵒羽毛多黑雜以黄白頭頰似雉有時吐物長數寸丹采彪炳形色類綬因名爲吐綬鳥又食必蓄嗉臆前大如斗慮觸其嗉行每遠草木故一名避株鳥

倒掛鳥

倒掛鳥身形如雀而羽五色日間焚好香則收而藏

之羽翼間夜則張尾翼而倒掛以放香

細鳥

漢元封五年勒畢國貢細鳥以方尺玉籠盛數百頭大如蠅其狀如鸚鵡聞聲數里如黃鵠之音國人常以此鳥候時亦名曰候蟲上得之放於宮內旬日之間不知所止惜甚求不復得明年此鳥復來集於帷幄之上或入衣袖因更名曰蟬鳥宮人婕妤等皆悅之但有此鳥集於衣上者輙蒙愛幸武帝末稍稍自死人尤愛其皮服其皮者多爲男子媚也

巧婦鳥

巧婦鳥主婦人巧吞其卵小於雀在林藪間爲窠窠如小囊袋亦取其窠燒女人多以熏手令巧

飛涎鳥

南海去會稽三十里有狗國國中有飛涎鳥似鼠兩翼如鳥而脚赤每至曉諸栖禽未散之前各各占一樹口中有涎如膠遶樹飛涎沾洒衆枝葉有他禽之至而如網也然乃食之如竟午不獲卽空中逐而涎惹之無不中焉人若捕得脯治渴其涎每布後半日卽乾自落落卽布之

蚊母鳥

蚊母鳥形如鷁嘴大而長池塘捕魚而食每叫一聲則有蚊蚋飛出其口俗云採其翎爲扇可辟蚊子亦呼爲吐蚊鳥

乞飯鳥

彭蠡湖乞飯鳥隨舟行舟人常搏飯抛與則接之不遺一粒

乳母鳥

乳母鳥言產婦死變化作之能取人之子以爲巳子胷前有兩乳

新州越王鳥

似鳶而口勾可受二升南人以爲酒盃

雀

春秋運斗樞曰瑤光星散爲雀

世傳公冶長能通鳥語或言冶長貧而閒居無以給食有雀飛鳴其舍呼之曰公冶長公冶長南山有箇虎䭾羊爾食肉我食腸當亟取之勿彷徨子長如其言往山中果得大羊食之有餘及亡羊氏跡之索得其角乃以爲偷訟之魯君魯君不信鳥語繫之獄孔子素知之爲之白于魯君亦不解也于是嘆曰雖在縲絏之中非其罪也未幾子長在

獄舍雀復飛鳴其上呼之曰公冶長公冶長齊人出師侵我疆沂水上嶧山旁當亟禦之勿彷徨子長介獄吏白之魯君魯君亦弗信也姑如其言往跡之則齊師果將及矣急發兵應敵遂獲大勝因釋公冶長而厚賜之欲爵爲大夫冶辭不受蓋恥因禽獸以得禄也後世遂廢其學故沈佺期燕詩有云不如黃雀語能免冶長災白居易烏鶴贈答詩序云余非冶長不能通其意皆爲此也

鶡雀

黃霸傳鶡雀飛集丞相府蘇林曰今虎賁所著鶡也

師古曰非也鶡音芬本作鳻此通用耳鳻雀大而色青出羌中鶡雀色黑出上黨以其鬬死不止故用其尾飾武臣首云今俗所謂鶡雞者鶡音曷

五色雀

舊志五色雀自羅浮來恒止于此又有白雀人恒見之巳千歲　歷梁化時孟秋五日也道逢故人設燕於合江樓烹五色雀九孔螺邀飲

白翎雀

朔漠之地無他禽鳥惟鴻鴈與白翎雀鴻鴈畏寒秋南春北白翎雀雖窮冬沍寒亦不易處故元世祖作

樂名曰白翎雀

知更雀

裴耀卿勤於王事夜看案牘晝決獄訟常養一雀每夜至初更時有聲至五更則急鳴耀卿呼爲知更雀又於廳前有一大桐樹至曉則有羣鳥翔集以此爲出廳之候故呼爲報曉鳥時人美焉

却火雀

順宗卽位年拘彌之國貢却火雀一雌一雄純黑大小類燕其聲清亮不並尋常禽鳥置于烈火中而火自散上嘉其異遂盛于火精籠懸于寢殿夜則宫人

幷蠟炬燒之終不能損其毛羽

交精

郭璞曰交精似凫而脚高有毛冠辟火災

師子禽

南金山有師子禽其毛黄赤而光鮮耳小若鳴時地動石裂也

駝鳥

吐火羅高宗永徽初遣使獻大鳥高七尺其色玄足如駝鼓翅而行日三百里能噉鐵夷俗謂爲駝鳥頸項勝得人騎行五六里其卵大如三升

鷲鳥

波斯國鷲鳥啖羊土人極以爲患見梁書

波斯有大鳥形如橐駝有兩翼飛而不能高食草與肉亦能啖人有大鳥郊

大爵

安息大爵鷄如鷹身蹄如橐駝色蒼舉頭高八九尺張翅丈餘食大麥

海東青

海東青五國城東出小而健能擒天鵝爪白者尤異

海青鷹

朝鮮五年裀遣使獻海青鷹

虎鷹

能飛捕虎豹身大如牛翼廣二丈

鴈

鴈北歸必銜蘆越關則輸之淮南子以為鴈愛氣力銜蘆以避矰繳俗傳以為過海投蘆為桴以息氣力或云輸蘆以供稅供稅之說誕矣過海為桴之說何秋來獨無而春始蘆耶蘆避矰繳之說不知來時何以為避且使上林射鴈蘆何能避耶予考鴈從風而飛春夏南風故北飛秋冬朔風故南飛秋冬過南食

肥體重故借蘆以助風力耳塞北風高則無事此故投於鴈門關姑識之以俟明者焉見推篷寤語

鷴

說文鴡也本作鷳以鳥閒聲今文作鷴廣韻似雉尾長謝靈運雪賦白鷴失素西京雜記越王獻高帝白鷴黑鷴各一雙

木客鳥

廬陵有木客鳥大如鵲千百為羣不與衆鳥相厠俗云是古之木客花化作廬陵即今吉州也

鵬

晉誼傳有鵬飛入誼舍晉灼曰異物志曰有鳥小鷄體有文色土俗因形名之曰鵬不能遠飛行不出域也

鷓鴣

鷓鴣常白日而飛畏霜夜飛則以樹葉覆其背上出崔豹古今注　鷓鴣似雌雉飛但南不向北楊孚交州異物志云鳥像雌雉名鷓鴣其志懷南不思北徂　鷓鴣飛數逐月如正月一飛而止于窠中不復起矣十二月十二起最難採南人設網取之

鵁鶄

章帝永寧元年條支國來進異瑞有鳥名鴳鵲形高七尺解人言

媚男藥

有在番禺逢端午聞街中喧然賣相思藥聲訝笑觀之乃老媼驚揭山中異草鬻于富婦人爲媚男藥用此日採取爲神又云採鵲巢中獲兩小石號鵲枕此日得之者佳婦人遇之有抽金簪解耳璫而償其直者

鳥

春秋運斗樞曰瑶星散爲鳥

鵰

春秋運斗樞曰玉衡星散爲鵰

鸛鷒鶝鶏

如鵲短尾射之銜矢射人

蘭陵山有井異鳥巢其中金翅而身黑此鳥見即

大水井不可窺窺者盈歲輙死

鴆

鴆鳥大如鶚毛出紫綠色有毒頸長七八寸食蝮蛇

鴆多運日鴆名陰諧以其毛瀝飲食則殺人

梟鏡

郊祀志祠黃帝用一梟破鏡孟康曰梟鳥名日作梟羹以賜百官以其惡鳥故食之也

海鳧毛

洽聞記曰後漢時有鳥頭長五尺雞首燕頷備五色而多青光武問百官咸以爲鳳蔡衡獨曰多青者鸞也上善其對晉說曰時人有得鳥毛長三丈以示張華華憮然曰此海鳧毛也出則天下亂

翬

伊洛而南素質五采皆備成章曰翬（翬亦雉屬言其毛色光鮮）

鷂

江淮而南青質五采皆備成章曰鷂即鷂雉也

鵔鸃鳥

似山雞以家雞鬪之則可擒其羽有光漢以飾侍中冠

天雞

東南有桃都山山上有大樹名曰桃都枝相去三千里上有天雞日初出照此木天雞則鳴天下雞皆隨之鳴

火雞

滿刺加火雞軀大如鶴羽毛雜生好食火炭駕部員

外張汝弼親試喂之　張揖曰昆雞似鶴黃白色

潮雞

潮雞似雞而小頸短潮至則鳴

呌雞

呌雞晝夜依時而鳴

司夜雞

隨皷節而鳴不息從夜至曉一更爲一聲五更爲五聲亦曰五時雞

長鳴雞

高大過常雞鳴聲甚長終日啼號不絕生邕州溪洞

中

金雞

羽族似雉者金項火背斑尾揚翹志意揭驕籠之不能馴

白蟻聞竹雞之聲化爲水竹雞自呼泥滑滑是也

雞三尺爲鶤

雞作人語

幽冥録晉兖州刺史沛國宋處宗嘗買一長鳴雞愛養甚至常著窻間後雞作人語與處宗談論極有言説終日不輟處宗因此功業大進

家雞野雉

家雞先鼓翼者二而後鳴雉雞既鳴而後鼓翼者三雉雞雄者有冠煑熟仍紅家雞雄者亦有冠者煑熟則不紅矣

天寶

校獵賦追天寶應劭曰天寶陳寶也晉灼曰天寶雞頭而人身

得過且過

華山有鳥名寒號蟲方春時鳴曰鳳凰不如我至冬毛羽皆落則又鳴曰得過且過藥中五靈脂即其糞

也　得過且過過多福何如少遭禍紇干山頭凍羽乾
直信鳳凰不如我得過且過潛丘

比翼

比翼南方有比翼鳥焉不比不飛其名謂之鶼鶼狀
似鳧青赤色一目一足一翼相得乃飛張司空以爲
一青一赤在三嵎山則是二鳥異色者昔成周爲王
會則巴人獻之與孔鸞鳳鳥之屬皆陳於庭後王德
薄不能及遠則此貢遂絶

鵜鶘

一名淘河一名堨澤形似鶚而大高足其鳴自呼好

群飛沉水食魚會稽不常有有輒大水土人占之頗驗

雪姑

冬月群飛鳴則必雪見會稽縣志

鵞

有二種一曰鳴鵞一曰駕鵞卞子曰鵞性頑而傲盖鵞義首似傲故名曰鵞今鳴鵞多出陳鄧而駕鵞則中牟之陂澤間有之見河南通志

戲鵞

上幼時嘗見群鵞遊於庭戲以青白二紙旗左右麾

命曰青者立青旗下白者立白旗下違者死群鵞應聲如命而往獨一花鵞不知所適往來於青白之間上殺而食之

喜日鵞

喜日鵞至日出時銜翅而舞又名曰舞日鵞

鶉

鶉鳥之諄者其居易容其欲易給竄伏淺草之間隨地而安故言上世之俗曰鶉居而鷇食也尾特禿若衣之短結傳稱子夏貧衣若懸鶉　司馬彪云実東北隅一曰東南隅鶉火之地故生鶉也　詩鶉之奔

奔剌衛宣姜也公子頑賁賁者健鬭之貌鶉性雖諄然特好鬭今人以平底綿囊養之懷袖間樂觀其鬭物之小而健無若此者然鵪雖處高疆疆然不失其類鶉雖處下賁賁然而無慕於高高下各得其所以言人之不如也見爾雅翼　鶉之字有三義師曠曰赤鳳曰鶉故南方朱鳥七宿取名焉詩曰匪鶉匪鳶鶉鷻也音團又曰鶉之奔奔則今之鶉鷃也白虎通曰一穀不升撤鶉鷃

鶻隼

鶻隼皆鷙鳥也而有義焉鶻冬取小禽煖爪掌旦則

縱之視其所適之方則是日不於其方摯搏杜甫作義鶻行是也隼摯物遇懷胎者釋之化書曰隼憫胎是也可以人而不如乎天地之間有吐而生子者鸕鶂兎凡三物

鶻擲夘

范蜀公見二鶻擲夘相上下接之盖習飛也其胎教之意乎（東齊記事）

冦鳧

方言曰齊宋之間凡物盛多謂之冦注云今江東有小鳧其多無數俗謂冦鳧陸龜蒙集有禽暴一篇止

爲野梟害稼而作

桑扈

怨鳥麥熟候鳴不分晝夜

鴢

出青要山狀如梟首朱目赤尾山海經云食之宜子

碧海舍人

隋宦者劉繼詮得芙蓉鷗二十四隻以獻毛色如芙蓉帝甚喜置北海中曰鷗字三品鳥宜封碧海舍人碧一作北見清異錄

人日鳥

南唐王建封不識文義族子有動植疏俾吏録之其載鴿事以傳寫訛謬分一字爲三變而爲人日鳥矣建封信之每人日開筵必首進此味見清異録

減脚鵞

御史符昭遠曰鴨頗類乎鵞但足短耳宜謂之減脚鵞見清異録

芙蕖鴨

芙蕖鴨赤色每止於芙蕖上不食五穀唯咂葉上垂露因名垂露鴨亦曰丹毛鳧

鬬鴨

陸魯望有鬭鴨一欄頗極馴養一旦驛使過焉挾彈斃其尤者魯望曰此鴨善人言見欲附蘇州上進使者奈何斃之使者盡以囊中金以窒其口使徐問人語之狀魯望曰能自呼其名爾使人憤且笑拂袖上馬復問之還其金曰吾戲耳

沈存中云予昔年在海州曾夜煑監鴨卵其間一卵爛然通明如玉熒熒然屋中盡明置之器中十餘日臭腐幾盡愈明不已

辯鳥雌雄

鳥雌雄不可辯者視其翼左掩右爲雄右掩左爲雌

一說拔其毛置水中沉者爲雄浮者爲雌

足足般般

詩道銜文足足懷仁般般擾義足足鳳也般般麟也
說文鳳鳴節節足足相如封禪書般般之獸樂我君
囿

犀

形似水牛猪頭大腹庳脚脚有三蹄黑色三角一在
頂上一在額上一在鼻上鼻上者卽食角也小而不
橢好食棘亦有一角者　犀之通天者必惡影常飲
濁水當其溺時人趕不復移足角之理形似百物或

理不通者是其病然其理有倒插正插腰鼓倒插者一半巳下通正者一半巳上通腰鼓者中斷不通故波斯謂牙爲白暗犀爲黑暗段成式門下醫人吳士皋常職于南海郡見舶主說本國取犀先于山路多植木如狙杙云犀前脚直常倚木而息木爛折則不能起犀角一名奴角有鶴處必有犀也犀三毛一孔劉孝標言墮角埋之人以假角易之

象

出交趾山谷惟雄者則兩牙佛書云四牙又云六牙今無有

物膽

象膽隨四時在其足熊膽春在首夏在腹秋在左足冬在右足蚺蛇長十丈可吞麋鹿上旬在頭中旬在心下旬在尾鼠膽殺則有自死則無

南荒黒有溪水其水以塗水象至輙不去崑崙兒以塗身即能乘象如家畜古所謂黒崑崙今之象奴也

稱象之智

智之端人皆有之惟智過人者能發其端後人觸類而長之無所不可魏曹沖五六歲有成人之智孫權

會致巨象曹操欲知其重沖曰置象大船之上而刻其水痕所至稱物而載之則校可知矣操大悅而行之見梁谿漫志

元順帝有一象宴群臣時拜舞爲儀　本朝王師破元都帝北遁徙象至南京一日　上設宴使象舞象伏不起殺之次日作二木牌一書危不如象一書素不如象掛於危素左右肩由是素以老疾告乃謫含山縣尋卒今墓在焉

獅

魏武帝伐冐頓經白狼山逢獅子使人格之殺傷甚

衆王乃自率常從健兒數百人擊之獅子哮吼奮迅左右咸驚汗忽見一物從林中出如狸超上王車軛上獅子將至此獸便跳于獅子頭上獅子卽伏不敢起於是遂殺之得獅子一子此獸還未至洛陽三十里路中雞狗皆伏無鳴吠者　釋氏書言獅子筋爲絃鼓之衆絃皆絶西域有黒獅子棒獅子集賢校理張希復言舊有獅子尾拂夏月蠅蚋不敢集其上舊說蘇合香獅子糞也

獅子雄

獅子雄者鬃尾如纓拂傷人吼則聲從腹中出馬聞

之怖溺

舍利

舍利獸名性吐金

囓鐵

南方有獸名曰囓鐵大如水牛色如漆食鐵其糞可作兵器其利如鋼

貊便鐵

建寧郡有獸名貊黑毛白臆似熊而小以舌舐鐵須臾便數十觔

駱駝

博物志曰燉煌西渡流沙往外國濟沙千餘里中無水時有伏流處人不能知駱駝知水脉過其處輒停不行以足踏地人於所踏處掘之輒得水

果然

果然獸名楊州人取果然得一果然而數十果然可得盖果然不忍傷其類聚族而啼雖殺之不去也此禽獸狀而人心薄俗有不如者果然大類猩猩出國史補

馬

馬駒在上旬生者行在母前在中旬生者行與母齊在下旬生者行在母後　秣馬之法必視其齒歷勞

逸而調習之馬四年而兩齒五年而四齒六年而上六齒成矣七年而右一齒缺八年而上下兩邊各一齒缺九年而上下盡缺十年而下兩齒齠十一年而下四齒齠十二年盡齠十三年下二齒平十四年下四齒平十五年下盡平十六年上兩齒齠十七年上四齒齠十八年上盡齠十九年上兩齒平二十年上四齒平年之長少惟馬齒最準故人自謙曰犬馬之齒長矣

馬八尺爲駥

名馬

果下馬高三尺果下可乘

烏托出小步馬小細也

細步言其能蹀足所謂百步千跡　胡椒馬國多駿馬來自西域　長角馬哈獸角長過身　遺風張揖曰遺風千里馬也　大宛國中有高山其上有馬不可得因取五色母馬置其下與集生駒皆汗血因號爲天馬子　宋膺異物志大宛馬有肉角數寸或有解人語及知音舞與鼓節相應者　唐咸通三年郴州馬生角廣西通志

龍種馬

龍種馬出西海中有鱗角牝馬有駒不敢同牧被引入海不復出

萬畢術曰馬毛大尾親友自絶取馬毛大尾置朋友衣中若夫婦衣中夫婦自相憎矣

馴駮

張揖曰馴擾也駮如馬白身黒尾一角鋸牙食虎豹擾而駕之以當駟馬也

師子驄

唐太宗末年讖家明言一主昌又明言爲武氏又明言其人已在宫中乃以疑似殺李君羡過矣則天當時特一宫嬪誠無可疑之迹然史載太宗有駿馬曰師子驄極猛悍太宗親控馭之不能馴則天時侍側

曰惟妾能制之太宗問其術對曰妾有三物始則捶以鐵鞭不服則擊以鐵檛又不服則以匕首斷其喉爾由此觀之其英烈猛厲之氣亦自發露特太宗不之覺耳則天後來駕馭群臣専用此術

黑驢

本田劉馬太監於西番買一黑驢以進能日行千里又善鬬虎上取虎城一牝虎與鬬一蹄而虎斃又鬬一牝虎三蹄而斃後與獅鬬被獅拆其脊劉馬伏地

潯州糖牛

大甯縣山有糖牛與蛇同穴牛嗜鹽里人以皮裹手

塗鹽入穴採之其角如玉取以爲器

犦牛

海康其地多牛項上有骨大如覆斗日行三百里爾雅所謂犦牛是也

花蹄牛

元封三年大秦國貢花蹄牛其色駁高六尺尾環繞其身角端有肉蹄如蓮花善走多力帝使輦銅石以起望仙宮跡在石上皆如花形故陽關之外花牛津時得異石長十丈高三丈立於望仙宮因名龍鍾石武帝末此石自陷入地唯尾出土上今人謂龍尾墩

也

封牛

其領上肉隆起有若封然因以名之即今之峯牛

六角牛

周成王時東夷送六角牛

牛黃

出林縣凡牛有黃者毛皮光澤睛色如血時鳴吼而好照水人以盆水承之伺其將吐乃喝迫之即墮水中如雞子黃大重疊可揭輕盈而香摩爪甲上其色不落者佳

雝

州縣田阜之間多有之淮南子曰雝爲曲穴陰以防雨景以蔽日此亦鳥獸之智也見河南通志

角端

角端北地異獸也能人言其高如浮圖　西狩獲白麟至死意不吐伐北有角端能通諸國語白湛淵先生續演雅詩見南村輟耕錄

一曰聳孤其身體皆青色三角光瑩按東方甲乙木見則國家有災異　二曰炎駒其身體皆赤色項有魚鱗按南方丙丁火見則國家有火災　三

曰素冥其身體皆白色毛甚尖削按西方庚辛金
見則國家有刀兵　四曰角端其身體皆黑色龍
足龜甲按北方壬癸水見則國家有水災　五曰
麒麟其身體皆黄碧腹紫肉虎爪龍睛按中央戊
巳土見則國家太平天下豐熟見名世英烈傳

能

吾非敢自愛恐能薄　師古曰能謂材也能本獸名
形似熊足似鹿爲物堅中而強力故人謂有賢材者
皆爲能

天祿

天禄獸也案今鄧州南陽縣北有宗資碑旁有兩石獸鐫其一曰天禄一曰辟邪據此天禄辟邪並獸名時漢有天禄閣亦因獸而立名

驒騱駃騠

郭璞曰驒騱距虚類也駃騠生三日而超其母驒音顛騱音奚駃音决騠音提

蛩

孔叢子北方有獸名蟨食得甘草必齧以遺蛩蛩駏驉二獸見人來必負蟨以走二獸非愛蟨也爲其得甘草以遺之蟨非愛二獸也爲其假足也

狒狒

狒狒宋建武中南蠻進狒狒雌雄二頭帝曰吾聞狒狒力負千斤何能致之對曰狒狒見人則笑笑則下人掩其額故可以釘之髮可爲朱纓血可染衣似獮猴人面而紅作人言鳥聲善知人生死飲其血使其見鬼帝命工圖之

雙雙

雙雙南海之外赤水之西流沙之東有三青獸相幷名曰雙雙言體合爲一也公羊傳所云雙雙而俱至者蓋謂此也

蜚廉解廌

郭璞曰蜚廉龍雀鳥身鹿頭解廌似鹿而一角人君刑罰得中則生

鹿

牝於相尾之時雖牝鹿數十一時皆淫過牝則渾身之肉消衰止皮氣息而已或倒於路旁人若能扶去以細草喂飼月餘其肉皆復若即時殺食則空有皮骨耳　女直一種曰北山野人乘鹿出入

茶首 音蔡茂

博物記云雲南郡出茶首其音為蔡茂是兩頭鹿名

也永昌有之

麞

春秋運斗樞曰樞星散爲麞　一名麢有牙而不能噬如小鹿而美語曰四足之美有麃麃即麞也

麂

似麞而有角善食蛇

虎

外文中質雖遭逐猶復徘徊顧步　蒲剌加國山有黑虎視虎差小能變人形白晝群入于市人有覺其爲虎者乃擒殺之　予嘗聞牛哀化虎傳殺其兄涪

民變虎夜食其豕未聞以虎化人者獸之化人如鹿之爲黃衣郎豕之爲烏將軍猿之爲袁公狐之爲何紫皆年久成精而今隨常可變亦甚異哉

㺊

神異經曰北方大荒中有獸咋人則疾名曰㺊㺊恙也嘗入人室屋黃帝殺之人無憂疾謂之無恙爾雅曰恙憂也應劭風俗通曰上古之時草居露宿恙噬人蟲也善食人心大患苦之凡相問曰無恙恙或以爲獸或以爲蟲或謂無憂廣干祿書兼取憂及蟲事物紀原兼取憂及獸廣韻㺊字下云㺊獸如獅子食

虎豹及人恙字下云憂也病也噬蟲善食人心是獇恙二義神異經合而一之則誤矣

豺

似狗而長尾遇狗則拜虎特畏

野狼

紹慶府郡國志云山出野狼眼在背上能食諸獸

貘白豹

似熊小頭庳脚黑白駮能舐食銅鐵及竹骨節強直中實少髓皮辟濕或曰豹白色者別名貘

乳羊

本出英州其地出仙茅羊食茅舉體悉化爲肪不復有血肉食之宜人

大尾羊

大尾羊羊尾大者重三升小者一升肉如熊白而甚美

燒尾

封氏聞見記曰凡新羊入群爲諸羊所觸不相親附火燒其尾則定故初拜官朋僚會宴謂之燒尾貞觀中太宗嘗問朱子奢燒尾事子奢以此爲對

壠種羊

出西海以羊臍種土中溉以水聞雷而生臍系地中及長驚以木臍斷便行囓草至秋可食臍内復有種

蒙貴

蒙貴狀如猱而小紫黑色畜之捕鼠甚於猫　酉陽雜俎云猫目睛旦暮圓及午竪斂如綖其鼻端常冷唯夏至一日暖俗言猫洗面過耳則客至一名蒙貴一名烏圓故古今詩人詠猫者多用蒙貴字按爾雅蒙頌即蒙貴以猱紫黑色可畜捕鼠甚於猫又一統志安南國土産内載蒙貴狀如猱而小紫黑色畜之捕鼠甚於猫觀二書所載則蒙貴自蒙貴非猫也雜

俎誤矣

西番猫

景泰初西番貢一猫經過陝西莊浪驛時福建布政使朱彰以事謫爲驛丞彰嘗其貢使譯問猫何異而上供使臣書示云欲知其異今夕請試之其猫盛草於鐵籠以鐵籠兩重納著空屋內明日起視有數十鼠伏籠外盡死使臣云此猫所在雖數里外鼠皆來伏死蓋猫之王也朱彰原交趾人

沐猴

史沐猴而冠沐猴猴名出罽賓國見漢書

猴

一名狙其性躁以囂天目山中多有之又有一種長臂善嘯者謂之猨　猴詩謂之猱性躁而多智嘗記唐大曆中有猴數百集古田杉林中里人欲伐木殺之中一老猴忽躍去隣近一家縱火燔屋里人懼亟走救火於是羣猴遂脫去其狡智若此（載汀州志）　馴象鄧指揮家昔有山子人獲一猨來獻面黑身白惟頂上有黑毛如指闊一縷直至脊盡處有人云猨初生時黑至百餘歲漸成黃而爲雌又數百歲方變爲白其有黑毛自頂貫脊又異然則唐人之詩有云黃猨

領白兒亦謬矣

猿臂篴

有人以猿臂骨爲篴吹之聲清圓絶勝竹

狐

名山記曰狐者先古之滛婦也其名曰紫化而爲狐故其怪多自稱阿紫

兎

春秋運斗樞曰玉衡星散而爲兎　兎視月而孕吐生子

桃花犬

羅江淳化中貢桃花犬　李程桃花犬歌宮中有犬
桃花名絳繒圍頸懸金鈴

兩首犬

神功元年安國獻兩首犬首多者上不一也唐五行志

曳馬銜燭

高　子文泰立後五年獻狗高六尺長數尺能曳馬
銜燭云出拂菻中國始有拂菻狗

鷹背狗

北方凡皁鵰作巢所在官司必令人窮巢探卵較其
多寡如一巢而三卵者置卒守護日覘視之及其成

鷇一乃狗耳取以飼養進之于朝其狀與狗無異但耳尾上多毛羽數根而已田獵之際鷹則戾天狗則走陸所逐同至名曰鷹背狗

女直狗車

形如船以數十狗溲之往來遞運木馬形如彈弓繫足激行可及奔馬二者止可氷雪上行

楊朱之弟布素衣出黑衣返其犬迎吠之布欲殺犬朱曰若使狗白而出黑而入爾能無恠乎

生男爲狗

北狗國人身狗首長毛不衣手搏猛獸語爲犬嗥其

妻皆人能漢語生男爲狗女爲人自相婚嫁穴居食生而妻女人食熟嘗有中國人至其國其妻憐之使逃歸與其筯十餘隻教其每走十餘里遺一筯狗夫追之見其家物必銜而歸則不能追矣其說如此五代史四夷附録

晉元帝大興四年壬午廬江灊山縣何旭家忽聞地中有犬聲掘之得一犬母青黑色狀甚羸走入草中不知所在視其處有犬子一雌一雄哺而養之雌死雄活及長善噬獸其後旭里中爲蠻所没

膃肭臍

獸形如狐脚高如犬走如飛取其腎以漬油名曰膃肭臍

熊

似豕堅中山居冬蟄饑則自舐其掌故掌獨美

兩面人

兩面人玄菟大守王頎至沃沮國問其耆老云復有一破船隨波出其海岸邊上有一人項中復有面與語不解了不食而死此是兩面人也

山獺

出宜州溪洞俗傳爲補助要藥洞人云獺性淫毒山

中有此物凡牝獸悉避去獺無偶抱木而枯洞獠尤貴重云能解藥箭毒中箭者研其骨少許傅治立消一枚值金一兩人或求買但得殺死者功力甚劣

鎖陽

韃靼田地野馬或與蛟龍交遺精入地久之發起如笋上豐下儉鱗甲櫛比筋脉連絡其形絶類男陰名曰鎖陽卽肉從容之類或謂里婦之淫者就合之一得陰氣勃然怒長土人掘取洗滌去皮薄切矖乾以充藥貨功力百倍於從容也

古器物異名

古諸器物異名屭贔其形似龜性好負重故用載石碑螭蚴其形似獸性好望故立屋角上蒲牢其形似龍而小性好吼叫有神力故懸於鍾之上憲章其形似獸有威性好囚故立於獄門上饕餮性好水故立橋所蟋蜴形似鬼頭性好猩故用於刀柄上蠻[illegible]其形似龍性好風雨故用於殿脊上螭虎其形似龍性好文彩故立於碑文上金猊其形似獅性好火煙故立香爐盖上椒圖其形似螺螄性好閉口故立於門上今呼鼓丁非也虭蛥其形似龍而小性好立險故立於護朽上鰲魚其形似龍性好吞火故立於屋脊

上獸吻其形似獅子性好食陰邪故立門環上金吾其形似美人首魚尾有兩翼其性通靈不睡故用巡警出山海經博物志右嘗過倪村民家見其雜録中有此因録之以備參考如詞曲有門迎駟馬車户列八椒圖之句八椒圖人皆不能曉今觀椒圖之名義亦有出也然考山海經博物志皆無之山海經原缺第十四十五卷閩博物志自有全本與今書坊本不同豈記此者嘗得見其全書歟

龍尺木

龍頭有一物如博山形名尺木故曰龍無尺木不勝

昇天

鮊鱛漸離

李奇曰鮊鱛出華山穴中三月溯河而能度龍門之上則爲龍矣

鸚鵡魚

龍門江在嘉興州上飛湍聲聞百里舟過此必昇上岓方可復行傍有穴多出鸚鵡魚色青緑口曲而紅似鸚鵡嘴相傳此魚能化龍云

吳指揮萬民望言其祖在寧波衛弘治間聞倭登岸乘舟哨海夜半見二紅燈漾空而來以爲倭船

也遂彎弓射中其燈不知乃龍睛也頃刻波濤洶湧出海軍舟俱沒焉至今逢此日則海中惡風大作紅燈止見其一土人因知此龍記時尼之所至也出殊域周咨録

唐吳郡漁人張胡子嘗於太湖中釣得一巨魚腹上有丹書字曰九登龍門山三飲太湖水畢竟不成龍命負張胡子

龍肉鮓

有人遺張華鮓者華見之謂客曰此龍肉鮓也以醋漬之當有五色光見試之果爾後問其主云於茅積

下得白魚所作也

鼉

愽物志云南海有鼉魚斬其首乾之椓去其齒而更復生者三乃已南州志亦云然又聞廣州人說鰐魚能陸追牛馬水中覆舟殺人值網則不敢觸有如此畏慎其一孕生卵數百於陸地及其成形則有蛇有龜有鼈有魚有鼉有為蛟者凡十數類及其被人捕取宰殺之其靈能為雷電風雨此殆神物龍類

鯨魚

鯨魚者海魚也大者長千里小者數千丈一生數萬

子常以五月六月就岸生子七月八月導從其子還
大海中鼓浪成雷濆沫成雨水族驚畏莫敢近其雌
曰鯢大者亦長千里　目即明月珠

鯨魚杵蒲牢

斑固東都賦云發鯨魚鏗華鍾登玉輅乘時龍　注
云鯨魚杵謂刻杵作鯨魚形也鏗謂擊之也薛綜注
西京賦云海中有大魚名鯨又有獸名蒲牢素畏鯨
魚鯨魚擊蒲牢蒲牢輒大鳴呼凡鍾欲令其聲大者
故作蒲牢於其上撞鍾者名爲鯨魚鍾有篆刻之文
故曰華

鰐

鰐大者長二丈餘狀如鼉有四足喙長六七尺兩邊有齒利如刀劍常食魚遇得麞鹿及人亦噉自蒼梧以南及外國皆有之見梁書

鰌穴

鰌魚長數千里穴居海底魚入穴則潮上出則潮退出入有節故潮水有期又名鯢魚出風土記

摩竭魚

海中大魚口可容舟故曰吞舟之魚其名曰摩竭

南海大魚

嶺南節度使何復光者朱崖人也所居傍大海云親見大異者有三其一曰海中有二山相去六七百里晴朝遠望青翠如近開元末海中大雷雨雨泥狀如吹沫天地晦黑者七日人從山邊來者云有大魚乘流入二山進退不得久之其鰓挂一崖上七日而山拆魚因爾得去雷魚聲也雨泥是口中吹沫也天地黑者是吐氣也其二曰海中有洲從廣數千里洲上有物狀如蟾蜍數枚大者周廻四五百里小者或百餘里每至望後口吐白氣上屬於月與月爭光其三曰海中有山周廻數十里每夏初則有大虵如百仞

山長不知幾百里開元末虵飲其海而水减者十餘日意如渴甚以身繞一山數十匝然後低頭飲水久之遂拆虵及山被呑俱盡亦不知呑者是何物也

唐裴伷開元七年都督廣州仲秋夜漏未艾忽然天曉星月皆沒而禽鳥飛鳴矣舉郡驚異之未能諭然巳晝矣裴公於是衣冠而出軍州將吏則巳集門矣遽召參佐洎賓客至則皆異之但謂衆惑固非中夜而曉郎詢挈壺氏乃曰常夜三更尚未也裴公罔測其倪因留賓客於廳事共須日之昇良久天色昏暗夜景如初官吏則執燭而歸矣詰

旦裵公大集軍府詢訪其說而無能辯者裵因命使四訪闔界皆然即令北訪湘嶺湘嶺之北則無斯事數月之後有商船自遠南至因謂郡人云我八月十一日夜舟行忽遇巨鼇出海舉首北向而雙目若日照耀千里毫末皆見久之復没夜色依然徵其時則裵公集賓寮之夕也

赤土國遣那耶迦隨駿貢方物旣入海見綠魚群飛水上浮海十餘日至林邑東南並山而行其海水濶十餘歩色黄氣腥舟行十日不絶云是大魚糞也

文魮

海魚曰文魮鳥頭魚尾鳴如磬而生玉

丹魚

丹水出丹魚割肉以塗足下則可步履水上

鯉魚

脊中鱗一道大小皆三十六神農書曰鯉爲魚主

鯉堂

在寧海州石落村有劉氏於海濱得此文魚取其骨搆此堂

番車魚

海槎秋晚巡行昌化屬邑俄海洋煙水騰沸競往觀之有二大魚遊戲水面各頭下尾上決起煙波中約長數丈餘離而復合者數四毎一跳躍聲震里許餘怪而詢于土人曰此番車魚也間歲一至此亦交感生育之意耳今中州藥肆懸大魚骨如杵臼者乃其脊骨也

奔鯙

奔鯙一名瀱非魚非蛟大如船長二三丈若鮎有兩乳在腹下雄雌陰陽類人取其子着岸山聲如嬰兒啼項上有孔通頭氣出嚇嚇作聲必大風行者以爲

候相傳嬾婦所化殺一頭得膏三四斛取之燒燈照讀書紡績輒暗照懽樂之處則明

鰥魚

臨海異物志云鰥魚如指長七八寸但有脊骨曝作燭極有光明、

黃臘魚

黃臘魚即江湖之橫魚頭觜長鱗皆金色鑾爲炙雖美而毒或煎煿乾夜即有光如籠燭

劒魚

海魚千歲爲劒魚一名琵琶魚形似琵琶而喜鳴因

以爲名

　　淫魚

淮南子曰瓠巴鼓瑟而淫魚出聽註者曰淫魚頭與身相半其長丈餘鼻正白身正黑口在頷下狀似鬲有鬚而無鱗出於江中其性喜音聞樂作則出頭水上聽之是聽瑟獨淫魚爲然今談者胥謂瓠巴鼓瑟而游魚出聽乃若槩指凡魚矣於其出處不無小誤也

　　子歸母

吳錄云鱔魚于朝出索食暮入母腹　南越志云暮從

臍入旦從口出也

井魚

唐段成式云井魚腦有穴每噏水輒於腦穴處出如飛泉散落海中舟人競以空器貯之海水鹹苦經魚腦穴出反淡如泉水焉成式見梵僧菩提勝說

緋魚

宋志云其色如緋今按海上有一種紅桃魚全緋又一種新婦魚近緋不知何指見興化府志

棘鬣魚

其鬣剛如棘故呼棘鬣又其鬃赤亦呼赤鬃宋志棘

鬣與赤鬃重出此魚味豐在首首味豐在腮莆人多葱酒蒸之以爲珍味十月此魚得時正月以後則味拗不可食見興化府志

人面魚

先朝有使海外者其國宴饗之際以朱盤進炙魚甚巨人面魚身置諸席上使者舉筯徑取雙目啗之郎令撤去蓋此名人面魚其味在目其毒在身於是國王再拜稱其贍傳其物產之當識有如此者

海人魚

海人魚東海有之大者長五六尺狀如人眉目口鼻

手爪頭皆爲美麗女子無不具足皮肉白如玉無鱗有細毛五色輕軟長一二寸髮如馬尾長五六尺陰形與丈夫女子無異臨海鰥寡多取得養之於池沼交合之際與人無異亦不傷人

白髮魚

白髮魚戴髮形如婦人白肥無鱗出滇池

妾

博白縣南大荒山出怪魚名曰妾狀似人有翼臍下有帶長三尺白如練顧動光彩煥爛人雖見而取不得今無　岑樓慎氏曰據廣西通志大荒山出怪魚

名曰姜亦云今無而寰宇紀游乃云見之且增一婢字是何虛誕而且擅改之至於是也吁史不闕文夫子嘆之况文有足徵而猶無實録乎能不爲之一慨

海蠻師

嘉祐州海州漁人獲一物魚身而首如虎亦作虎文有兩短足在肩指爪皆虎也長八九尺視人輙淚下舁至郡中數日方死有父老云昔年曾見之謂之海蠻師

橫公魚

北方荒中有石湖方千里岸深五丈餘恒氷唯夏至

左右五六十日解耳有横公魚長七八尺形如鯉而赤晝在水中夜化爲人刺之不入煑之不死以烏梅二枚煑之則死食之可止邪病

蝤蜞

蝤蜞大者長尺餘兩螯至彊八月能與虎鬭虎不如隨大潮退殼一退一長

鹿子魚

鹿子魚頳色其尾鬣皆有鹿斑赤黃色羅州圖經云州南海中有洲每春夏此魚跳出洲化而爲鹿曾有人拾得一魚頭已化鹿尾猶是魚南人云魚化爲鹿

肉腥不堪食

鱣

鱣大如五斗奩長丈口在頷下長鼻輭骨常三月中從河上常於孟津捕之淮水亦有之肉黃雅以作鮓而骨可啖盖鱘屬也鱣盖鮪之類但鱣肉黃鮪肉白以此爲別今江東呼鱣爲黃魚大者曰黃鱣見爾雅翼

鮪

鮪以季春來形似鱣而青黑頭小而尖似鐵兜鍪其口亦在頷下其甲可以摩薑大者不過七八尺肉色白味不如鱣

鱠魚

鱠音膾魚一名揚合黃頰骨正黃魚之大而有力者魚鯉背上有斑文腹下純青今以飾弓鞬步文也海水將潮及天將雨毛皆起潮還天晴毛則伏常千里外知海潮也

牛魚

東海有牛魚其形如牛海人採捕剝其皮懸之潮水至則尾起潮水落則尾伏

潛牛

生江中形似魚能上岸與牛鬬角軟還入水堅則復

出見肇慶府志

鰼

涿光山下囂水多鰼如鵲而十翼捕之可以禦火

異魚塘在陽朔縣西一十五里中有魚綠鱗而紅鬣

鰩

文鰩魚出南海大者長尺許有翅與尾齊一名飛魚群飛水上海人候之當有大風吳都賦云文鰩夜飛而觸綸是也西山經曰鰩魚狀如鯉魚身鳥翼蒼文白首赤喙常從西海遊於東海以夜飛音如鸞見大

穰見爾雅翼

鬪魚

大如指長二三寸身有花文紅緑相間尾鮮紅有黄點善鬪兒童輩多盆養之每鬪相持不舍久之勝負乃决負者躍而遊顔色衰謝勝者洋洋自得顔色充如也物之好勝一至此哉俗呼爲花魚

鯢魚

鯢魚如鮎四足長尾能上樹天旱輙含水上山以草葉覆身張口鳥來飲水輙吸食之聲如小兒峽中人食之先縛於樹鞭之身上白汁出如構汁此方可食

不爾有毒

鮨音詣

魚身犬首音如嬰兒食之已狂

何羅魚

何羅魚一首而十身其音如犬吠食之已擁

雞嘴魚

李德裕幼時常於明州見一水族有兩足嘴似雞身如魚

建同魚

建同魚四足無鱗鼻如象吸水上噴高五六丈

魟魚

此魚其頭圓秃如燕其身圓褊如簸其尾圓長如牛尾其尾極毒能螫人有中之者連日夜號呼不止以其首似燕故又名燕魟魚以其尾言故又名牛尾魚福州人食味重此（見興化府志）

方頭魚

通志似棘鬣而頭方味美或曰方疑作芳言其頭爲味芳香也（見興化府志）

鱸魚

海中四腮鱸皮緊脆而肉厚呼曰脆鱸有江鱸差小

而兩腮味淡有塘鱸形雖巨而不脆

石首魚

魚首有魫堅如石故名冬月得之又緊皮者良三月八月出者次之至四月五月海郡民發巨艘入洋山競取有潮汛往來謂之洋山魚用鹽醃之曝乾曰白鮝通商販於外舊志爾雅翼釋曰一名鯼見寧波府志

䰳魚

䰳或作鮭一名河豚腹下白背上青黑有黄文眼能開閉觸物輒嗔腹脹如鞠浮於水上一名嗔魚味至美其肝與子有大毒食之殺人其腹無膽頭無腮故

肝最毒舊言甚於野葛惟橄欖木魚名木解之一云獨眼者尤毒腹多刺去其頭尾取其身白肉用橄欖汁煮之橄欖以解魚毒并蔗以驗其有毒則黑大抵出海中者大毒江中者次之又一等名白河豚又名鮀魚其狀相類無毒見寧波府志

鯔魚

似鯉生淺海中專食泥身圓口小骨軟肉細見寧波府志

魏明帝遊洛水水中有白獺數頭美淨可憐見人輙去帝欲取之終不可得侍中徐景山奏云臣聞獺嗜鯔魚乃不避死可以此誑之乃畫板作兩鯔

魚懸置岸上於是群獺競逐一時執得帝甚嘉之謂曰聞卿能畫何以妙也答曰臣未嘗執筆然人之所作自可庶幾耳帝曰是善用所長也

馬鮫魚

形似鯆其膚以鯧而黑斑最腥魚品之下一曰社交魚以其交社而生見寧波府志

鯧鯸

一名䱽魚身扁而銳狀若鏘刀身有兩斜角尾如燕尾細鱗如粟骨軟肉白其味甘美春晚最肥俗又呼爲娼魚以其與諸魚群故名見寧波府志

鯯魚

板身多鯁長不五六寸味極肥腴以糟浥之可作湯
世說晉虞嘯父答晉帝云天時尚溫鯯魚鮓未熟即此

吹沙魚

埤雅曰魦鮀常開口吹沙性善沈大如指狹圓而長
有墨點俗呼爲漸婦臂味甘今奉化鮚琦鎮有之頗
以爲珍品見寧波府志

鮸魚

狀似鱸而肉粗三腮曰鮸四腮曰茅鮸小者曰鮸姑
已上奉定象同見寧波府志

青鰶魚

冬月肥美海錯之佳者產奉化見寧波府志

鯊魚

皮上有沙故名有白蒲鯊黃頭鯊白眼鯊白蕩鯊青頰鯊斑鯊牛皮鯊狗鯊鹿文鯊鯱鯊鯎鯊鱋鯊燕尾鯊虎鯊犁頭鯊香鯊熨斗鯊丫髻鯊劍鯊刺鯊鋸鯊其類甚多見寧波府志

比目魚

細鱗而身扁若半片然止一目狀比鯧鯸而小曝乾可致遠爾雅云魚以左右云不比不行見寧波府志

鱄

赤目多獨行或二三相從見網則遁見徽州府志

墨魚

狀如筭囊口旁兩鬚若帶極長風波稍急以鬚粘石爲纜其腹有墨姦人以此書券踰年則爲白紙矣圖經云一名烏鰂能噀墨溷水以自衛使水匿不爲人所害然群行水中人見墨水至輒下筍羅而得之有骨厚三四分形如樗蒲子而長輕脆如通草可刻名海螵蛸可入藥性嗜烏嘗仰浮水面以餌烏烏來啄輒以鬚裹其足沉諸水而食之故又名烏賊見寧波府志

箭魚

箭魚即江湖鯿魚海出者最大甘肥異常腹下細骨如箭鏃俗名箭魚味甘在皮鱗之交見寧波府志

鮆魚

子多而肥夏初曝乾可以致遠郭璞江賦曰鯼鮆順而往還山海經註曰鮆狹薄而長大者長尺餘一名刀魚常以三月八月出故曰順時見寧波府志

短魚

項縮而短爲鯗極美色微紅見寧波府志

地青魚

尾有刺甚長逢物則撥之毒能中人色白者曰地白與魟相類又名邵陽魚鼠尾魚已上産象山見寧波府志

青魚

出濟源形似鯉而背青色又頭中骨煮拍之可以製器見河南通志

鈎魚

狀類鯔身少匾其唇甚長垂下數寸味皆在此故俗有喫着鈎魚唇不惜老婆裩之語

竹魚

其色如竹青翠可愛味亦佳

鵝毛脡

恩州出鵝毛脡乃鹽藏其味絶美其細如針郭義恭云小魚一觔千頭未之過也見北户録

望魚

魏武四時食制曰望魚側如刀可以刈草出豫章

嘉魚

按虞衡志嘉魚出梧火山下丙穴如小鰣魚多脂煎不假油蜀中丙穴亦出肥美相似

子魚

在莆田縣東北五十里迎仙橋下潭僅數百步所產

子魚極爲珍味

銀魚

大者如指春生梅溪中杜子美所謂天然二寸魚者是也

鯽魚

鯽鮒肉厚而美性不食鈎或曰其初稷米化之故其腹尚有米色

黑魚

一名鱧其首戴星夜則北向古傳工蠣蛇所變亦有相生者

鰻鱺魚

無鱗白腹似鱔而大焚其煙氣可辟蠹

鱮

鱮似魴而大頭魚之不美者故語曰買魚得鱮不如啖茹徐州謂之鰱

興州有一處名雷穴水常半穴每雷聲水塞穴流魚隨流而出百姓每候雷聲繞樹布網獲魚無限非雷聲漁子聚鼓擊於穴口魚亦輙出所獲半於雷時韋行規爲興州刺史時與親故書說其事

視鵰制柂觀魚制帆

南海大蟹

近世有波斯常云乘舶泛海往天竺國者已六七度其最後舶漂入大海不知幾千里至一海島中見胡人衣草葉懼而問之胡云昔與同行侶數十人漂沒唯已隨流得至於此因爾採木實草根食之得以不死其衆哀焉遂舶載之胡乃說島上大山悉是車渠瑪瑙玻瓈等諸寶不可勝數舟人莫不棄已賤貨取之旣滿船胡令速發山神若至必當懷惜於是隨風挂帆行可四十餘里遥見峰上有赤物如蛇形久之漸大胡云此山神惜寶來逐我也爲之柰何舟人莫

不戰懼俄見兩山從海中出高數百丈胡喜曰此兩山者大蟹螯也其蟹常好與山神鬬神多不勝甚懼之今且螯出無憂矣大虬尋至蟹許盤鬬良久蟹夾虬頭死於水上如連山船人因是得濟也

蠞

俗呼爲蟹圓臍者牝尖者牡也經霜則有赤膏俗呼母蟹亦曰赤蟹無膏曰白蟹有子者曰子蟹本草以蟹性敗漆燒之致鼠見寧波府志

淮南人藏蟹鹽酒不沙凡一器數十蟹以皂莢半挺置其中則可藏之經歲

鱟

形如覆斗其大如車青褐色十二足長五六寸尾長二三尺其殻堅硬腰間横紋一線軟可屈摺毎一屈一行尾尖硬有刺能觸傷人口足皆在覆斗之下海中毎雌負雄漁者必雙得以竹編爲一甲鬻焉牝者子如麻子土人以爲醬或酢本草云牝牡相隨牝者背上有目牡者無目牡得牝始行牝去牡死韓退之詩鱟實如惠文骨眼相附行

淡菜

亦名殻菜形似珠毋一頭尖中銜少毛號東海夫人

本草云形雖不典而甚益人

螺

多種掩白而香者曰香螺殼尖長者曰鑽螺味次之有刺曰刺螺其味辛曰辣螺有曰拳螺劍螺斑螺丁螺又有生深海中可爲酒杯者曰鸚鵡螺

螺亭

南康記南康有女採螺爲業夜宿亭上有風雨聲見衆螺張口而至亂噉其肉明日惟有骨在因號其地爲螺亭

琉球民間炊爨多用螺殼

蛤蜊

蛤蜊候風雨能以殼爲翅飛

蚌淚

江南徐知諤嘗得畫牛一軸畫則嚙草欄外夜則歸臥欄中知諤獻後主煜煜持貢闕下太宗張後苑以示群臣俱無知者僧録贊寧曰南倭海水或減則灘磧微露倭人拾方諸蚌胎中有餘淚數點得之和色着物則晝隱而夜顯沃焦山時或風撓飄擊急有石落海岸得之滴水磨色染物則晝顯而夜晦諸學士皆以爲無稽寧曰見張騫海外異物記後杜鎬檢三

館書目果見於六朝舊本書中載之

章巨

大者名石拒居石穴人或取之能以脚粘石拒人故名亦曰章舉形如大筴袋八足長及二三尺足上戢戢如釘每釘有竅又別一種小者生海塗中名望潮身一二寸足倍之土人呼塗蟢又一種曰鑽管脚短而無釘見寧波府志

江瑤柱

以柱爲珍東坡蘇軾有傳産奉化見寧波府志

海月

形圓如月亦謂之海鏡土人鱗次之爲天窻謝靈運
詩掛席拾海月定象同

蠣房

形如馬蹄又如拳附巖石生塊礧相連如房故名道
家以左顧者是雄故名牡蠣右顧則牝礪一名蠔山
晉安人呼爲蠔莆初生寸如拳石四面漸長有一二
丈嶄巖如山每房內有蠔肉一塊亦有柱肉之大小
隨房廣狹每潮來則諸房皆開有小蟲入則含以充
腹鮚琦海巖生者僅如人指面挑取肉謂之梅花蠣
扈竹結成謂之竹蠣見寧波府志

車螯

殼厚亦蛤類生海中殼可制奇器歐陽公詩有云璨璀殼氷玉斑斕點生花美此物也見寧波府志

沙噀

塊然一物如牛馬腸臟頭長可五六寸許胖軟如水蟲無首無尾無目無皮骨但能蠕動觸之則縮小如桃栗徐復擁腫土人以沙盆揉去其涎腥雜五辣煮之脆美爲上味見寧波府志

郎君子

謹按輿志云生南海有雄雌青碧色狀如杏仁欲驗

真假先於口内含令熱然後放醋中雄雌相趂逡巡
便合即下其卵如粟粒狀真也主婦人難産手把便
生極有驗也乃是人間難得之物

相思子

相思子生于海中如螺之狀而中實若石焉大比豆
粒好事者藏置篋笥積歲不壞亦不轉動若置醋一
盂試投其中遂移動盤旋不已亦一奇物也

鰝

鰝大鰕鰕大者出海中長二三丈鬚長數尺今青州
呼鰕魚爲鰝

有丹蝦長十丈鬚長八尺有兩翅其鼻如鋸載紫桂之林以鬚纏身急流以爲棲息之處馬丹嘗折蝦鬚爲杖後棄杖而飛鬚化爲丹亦在海傍

蝦頭杯

南越志曰南海以鰕頭爲杯須長數尺以金銀鏤之

玳瑁

狀類龜而殼稍長其足有六後兩足無爪

貝

貝即瑇瑁也說文云貝海介蟲也其甲人之所寶古人以爲泉貨交易見通志昆蟲略

龜

龜之類多爾雅一曰神龜二曰靈龜三曰攝龜四曰寶龜五曰文龜六曰筮龜七曰山龜八曰澤龜九曰水龜十曰火龜神龜龜之最神者靈龜本草謂之秦龜亦曰蠵蠵其甲有文似瑇瑁而差薄耳故名鼊皮此龜一名蠵蠵俗呼靈蠵能鳴多出涪陵其甲可以卜攝龜小龜也一名蠳龜一名來蛇龜好食蛇故亦謂之呷蛇龜郭云腹甲曲折解能自張閉江東呼爲陵龜或言此龜乃蛇所化故頭尾似蛇俗呼黿龜即此寶龜傳國者所寶文龜甲有文彩者河圖曰靈龜

負書丹甲青文筮龜常在蓍叢下者龜策傳曰蓍滿百莖其下必有神龜守之山澤水火之龜皆其所生之處也大龜蓋生於火者亦猶火山國所出火鼠是也郭氏謂物有含異氣者不可以常理推龜溺醫家謂之石腦油最難得惟以鑑照之龜見影則失溺急以荷葉承之又法以紙炷火上焫熱以點其尾亦致失溺見通志昆蟲略

財歸

史記曰天下得名龜者財歸之富至千萬一曰北斗二曰南辰三曰七星四曰八風五曰二十八宿六曰

日七日月八日九州九日王龜有文腹下必蒲尺二寸人若得七八寸者可寶之

能言龜

元封三年數過國獻能言龜一頭長一尺二寸盛以青玉匣廣一尺九寸匣上豁一孔以通氣東方朔曰唯承桂露以飲之置於通風之臺王欲往卜命朔而問焉言無不中

鼉

一名神守水君陸生其聽以目

海牛

出文登海中長丈餘紫色無角龜足鮎尾性捷疾見人則飛入於海其膏可以燃燈其皮可以爲弓鞬矢房

海驢

出文登海中狀若驢常於秋月登島產乳其皮製爲雨具水不能潤

海豹

出寧海其大如豹文身五色叢居水涯常以一豹護守如鴈奴之類其皮可飾鞍褥

水麝

天寶中虞人獲水麝臍香皆水也每取以針刺之香氣倍於肉麝

脉望

何諷嘗於書中得一髮捲規四寸許如環之無端用力絶之兩端滴水提於火作髮氣莫知其何物也後與方士言嘆曰君不見仙命也此名脉望蠹魚三食神仙字則化於此夜持向天從規中望星星便立降可求丹度世也

鸞蜂蜜

貞元八年吳明國貢鸞蜂蜜云其蜂之聲有如鸞鳳

而身被五彩大者可重十餘觔爲窠於深巖峻嶺間大者占地二三畝國人採其蜜不逾二三合如過度即有風雷之異若螫人生瘡以石上菖蒲根傅之即愈其色碧若貯之於白玉椀表裏瑩徹如碧琉璃久食令人長壽顏如童子髮白者應時而黑逮及沉痾眇跛無不療焉

黃蠟白蠟

黃蠟蜂蠟也凡蜂作蜜皆結房房中藏蜜絞取蜜而房則成蠟也白蠟者蟲蠟也其蟲作繭樹枝上每繭藏蟲百數細如絲髮此爲種子秋冬剪取而藏之及

春將種子縛置樹上蟲出齧食樹津液因而放蠟漫注于枝柯及成剥取而烹煉之其白如雪故曰白蠟其樹即今冬青樹也樹嫩放蠟尤宜本草謂黃蠟煉成白蠟此盖未之識也抑豈醫家所用者或然歟白蠟

建寧出產

蜜唧

惠州士人取鼠未生毛開眼者飼以蜜筋挾而食之猶唧唧聲故謂之蜜唧

守宮

東方朔傳置守宮盂下師古曰守宮蟲名也術家云

以器養之食以丹砂滿七觔擣治萬杵以點女子體終身不滅若有房室之事則滅矣言可以防閑淫逸故謂之守宮

蜴

詩詁守宮蜥蜴二物蜥蜴尾過於身如蛇而加足有黑色者有青綠色者常居草間守宮褐色四足有尾偃伏壁間故名蝘蜓亦謂守宮常在屋下也

碎車蟲

碎車蟲狀如唧聊蒼色好棲高樹上其聲如人吟嘯終南有之

蜘蛛

蜘蛛道士許象之言以盆覆寒食飯於暗室地上入夏悉化爲蜘蛛

異蟲

異蟲温會在江州與賓客看打魚漁子一人忽上岸狂走温問之但反手指背不能語漁者色黑細視之有物如黃葉大尺餘眼遍其上齧不可取温令燒之方落每對一眼底有觜如釘漁子出血數升而死莫有識者

蛺蝶

蛺蝶一名野蛾一名風蝶江東呼爲達末色白背青者是也其大如蝙蝠者或黑色或青斑名爲鳳子一名鳳車一名鬼車生江南柑橘園中

蟻

牛亨問曰蟻名玄駒者何也答曰河內人並河而見人馬數千萬皆如黍來遊動往來從旦至暮家人以火燒之人皆是蚊蚋馬皆是大蟻故今人呼蚊蚋曰黍民名蟻曰玄駒也

曰蟻聞竹雞之聲化爲水竹雞自呼泥滑滑是也

蟬

牛亨問曰蟬名齊女者何答曰齊王后忿而死尸變爲蟬登庭樹嘒唳而鳴王悔恨故世名蟬曰齊女也

貂蟬

貂蟬胡服也貂者取其有文采而不炳煥外柔易而内剛勁也蟬取其清虛識變也有位者有文而不自耀有武而不示人清虛自牧識時而動也

冷蛇

明皇以中貴畏暑賜之冷蛇白色而不傷人冷如氷雪玩之不復有煩熱也

率然

率然巨蛇也物觸之中首則尾至中尾則首至中其中則首尾俱至故孫子以比將之三軍

骨咄犀

骨咄犀蛇角也其性至毒而能解毒蓋以毒攻毒也故曰蠱毒犀唐書有古都國必其地所產今人訛為骨咄耳

白花蛇

雖有黔土惟取蘄州頭長小角鋒尾生佛指甲項遶真珠白點背纏方勝花紋因而得名觀之猶異諸蛇鼻生向下此獨鼻向上生一名褰鼻蛇諸蛇死閉眼睛是

則眼開如活舒蘄連界上殺獲兩眼則一閉一開驗此可辯僞真據理誠難解悟性毒善螫人足中者輙自斷之補養巳痊木接代步岑樓愼氏曰乾寧記恐非也

蚺蛇

大者如柱長稱之其膽入藥南人腊其皮刮去鱗以鞔鼓蛇常出逐鹿食寨兵善捕之數輩蒲頭插花趨赴蛇蛇喜花必駐視漸近競掩其首大呼紅娘子蛇頭益俛不動壯士大刀斷其首衆悉奔散遠伺之有頃蛇省覺奮迅騰擲傍小木盡拔力竭乃斃數十人舁之一村飽其肉

山中産蚺蛇大者長十餘丈能逐鹿食之土人捕法採葛藤塞蛇穴徐入以杖蛇嗅之即靡乃發穴出蛇繫於葛繩斷而烹之極腴售其膽獲價甚厚其脂着人骨輒軟及能萎陽終身不舉食鹿骨角隨腐本草諸書皆所未載余甚異之今江南得其皮以爲樂器刀劍之飾

蚺蛇牙

南裔異物志曰蚺蛇牙長六七寸土人尤重之云辟不祥利遠行賣一枚直牛數頭

蚺蛇膽

陶隱居云此蛇出晉安大者三二圍在地行住不舉頭者是真舉頭者非真　圖經曰此物極多僞欲試之劙取如粟米許箸淨水上浮游水上回旋行走者爲真其徑沈者諸膽血也試之不可多多亦沈矣膏之真者磦磦如梨豆子他蛇膏皆大如梅李子此爲別也

金齒鱗蛇膽

蛇長丈餘四是夏秋入水傷人冬春蟄石穴中士人殺而食之取其膽治惡瘡解大毒甚貴重之黃鱗爲上黑鱗次之

九頭蛇精

眞臘當國之中有金塔一座傍有石塔二十餘座石屋百餘間東向金橋一所金獅子二枚列于橋之左右金佛八身列于石屋之下金塔至北可一里許有銅塔一座北金塔更高望之鬱然又北一里許則爲王宮其正室之尾以鉛爲之屋頭壯觀脩廊複道突兀參差其蒞事處有金窓櫺列鏡四五十面王宮之中又有金塔王夜則臥其上土人皆謂塔之中有九頭蛇精乃一國之土地主也係女身每夜則見王先與之同寢交媾雖其妻亦不敢入二鼓乃出方可與

妻妾同睡若此精一夜不見則蕃王死期至矣若王一夜不往則必獲灾禍

理鎒虵

大唐貞觀二十一年其國屬獻理鎒虵形類鼠而色青身長八九寸能入穴取鼠

鵌鼵

鳥鼠同穴其鳥爲鵌其鼠爲鼵鼵如人家鼠而短尾鵌似鵽而小黄黑色入地三四尺鼠在内鳥在外今在隴西首陽縣鳥鼠同穴山中孔氏尚書傳云共爲雌雄張氏地理記云不爲牝牡

沙磧鼠

于闐西有沙磧鼠大如蝟色類金出入群鼠爲從

鼯鼠夷由

狀如小狐似蝙蝠肉翅翅尾項脅毛紫赤色背上蒼艾色腹下黃豪頷雜白脚短爪長尾三尺許飛且乳亦謂之飛生聲如人呼食火烟能從高赴下不能從下上高

鼮鼠

光武時有得豹文之鼠問群臣莫知惟竇攸曰此鼮鼠也詔問所出曰見爾雅驗之果然詔公卿子弟就

倣學爾雅

紅飛鼠

多出交趾及廣管隴州皆有深毛茸茸然唯肉翼淺黑色多雙伏紅蕉花間採捕者若獲一則其一不去南中婦人買而帶之以爲媚藥

鼷鼠

北方層氷萬里厚百丈有鼷鼠在氷下土中其形如鼠食草木肉重千斤可以作脯食之已熱其毛八尺可以爲褥卧之却寒其皮可以蒙鼓聲聞千里其毛可以來鼠此尾所在鼠聚今江南鼠食草木爲災此

類也

碩鼠

毛詩曰碩鼠碩鼠無食我黍詩義疏曰樊光謂即爾雅鼫鼠也許愼云鼫鼠五伎鼠也今之河東有碩鼠大能人立前兩脚於頭上跳舞善鳴食人禾稼逐則走入樹空中亦有五伎或謂雀鼠其形大故叙云石鼠也魏今河東北縣也詩言其方物宜謂此鼠非今大鼠又不食禾苗本草又謂螻蛄爲石鼠亦五伎古今方土名蟲鳥物異名同故記也

囓鞍

魏志太祖馬鞍爲鼠嚙庫吏懼死澄王沖曰汝待三日當報沖以刀穿衣如鼠嚙遂失意貌有憂色太祖曰妄言耳俄而庫中以報嚙鞍太祖曰衣在側猶被嚙况鞍懸於柱乎乃免

永某氏鼠

永有某氏拘忌以巳生歲直子鼠子神也因愛鼠不畜猫犬禁僮勿擊由是鼠相告皆來某氏飽食而無禍某氏室無完器椸無完衣飲食大率鼠餘也數歲某氏徙居他州後人來居鼠爲態如故假五六猫闔門撤瓦灌穴捕之殺鼠如丘嗚呼彼以飽食無禍爲

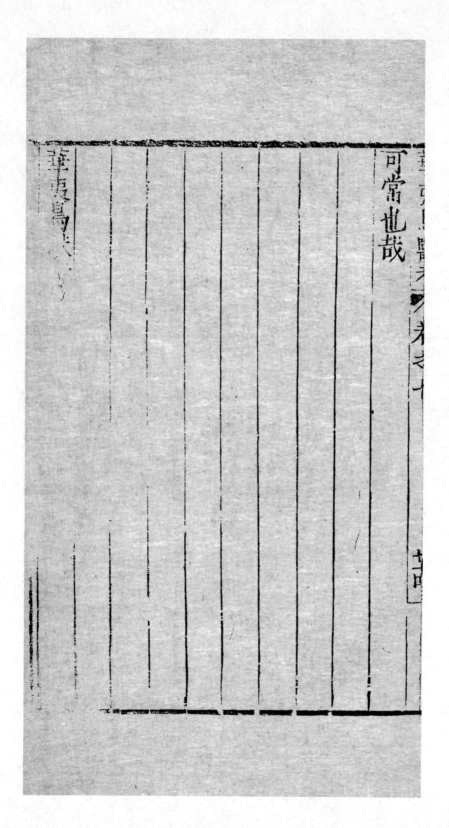

可嘗也哉

附全五册目録